Verbeugung vor Spiegeln

2. Auflage

Druck: Theiss GmbH, St. Stefan im Lavanttal
ISBN 978-3-99027-069-1

MARTIN R. DEAN

Verbeugung vor Spiegeln

Über das Eigene und das Fremde

JUNG
UND
JUNG

Fremdheit zur Welt ist ein Moment von Kunst,
wer anders denn als Fremdes sie wahrnimmt,
nimmt sie überhaupt nicht wahr.

Theodor W. Adorno

Das Fremde ist am Verschwinden. Die Fähigkeit, es noch auszuhalten, verkümmert in dem Maße, wie die globale Freiheit zunimmt. Das Fremde ist zum Kleingeld geworden im alltäglichen Gezänk politischer Parteien um die Ausländer, denen die Fremdheit durch »Integration« genommen werden soll. Sie sollen sein wie wir, sie sollen sich anpassen und jeden Rest abweichenden Verhaltens verlieren. Auch die Fremdheit zwischen den Geschlechtern wird durch eine Strategie, die sich an den Partnerbörsen alphabetisiert, verkleinert. Die globale Fremdheit wird durch Google Earth beseitigt, und wo in den Köpfen noch Unverstandenes lauert, wird es durch die am Kommerz schlagkräftig gewordene Rationalität getilgt.

»Ohne Weltenkenntnis fehlt's an Herdverständnis. Ohne Globus auch kein Heimatbonus«, schreibt Botho Strauß. Heimat gibt es, in der Tat, im Überfluss. Aber was wird, wenn unser Bewusstsein nur noch Bekanntes wiederkäut? Das Wagnis der Differenz, auf das wir mit unserem Denken die letzten fünfzig Jahre gebaut haben, scheint verloren zu gehen.

Die Austreibung des Fremden bringt kein Heil, nicht mehr Vertrautheit und nicht mehr Gerechtigkeit; sie beraubt uns lediglich unserer Fähigkeit zur Toleranz. Sie nimmt uns ein Rätsel, eine Dimension der Erfahrung weg, die im Staunen, in der Überraschung oder im Schock ihren Ausdruck findet. Und in der Verwandlung.

Dem Reisenden wird heute die Fremde nicht mehr richtig fremd. Was wir an Erfahrung mit nach Hause bringen, ist oft nicht aufregender als die Souvenirs, die wir noch schnell am Flughafen kaufen. Reisen bedeutet nur mehr Auszeit von der Arbeit.

So besteht die Gefahr, dass das Ausgeschlossene zur Bedrohung wird. Dass es, gänzlich vom Eigenen abgespalten, zum Feind wird. Die grundsätzliche Einsicht Freuds, dass es keine Welt gibt, in der wir je völlig zu Hause wären, hat sich nicht durchsetzen können. Der Kampf gegen das Fremde führt vielmehr zu einem Verlust an Innenraum, in dem nichts anderes mehr Platz hat als das, was wir selber sind. Freuds Einsicht war ein Gegenmittel dazu, auch gegen das Gefühl der »Heimatlosigkeit«, das ganze Völker wie eine Krankheit heimsucht.

Erst die Fremdheit bringt den Kern des Selbst zum Vibrieren. Sie bildet das Kapital der Moderne, aus dem die Kreativität ihre künstlerischen Funken schlägt. Ihre Abwehr verdankt sich einem Ressentiment, das für Nietzsche zum Allzumenschlichen gehört. Er monierte die menschliche Schwäche, Unbekanntes auf Bekanntes zurückzuführen: »Das Bekannte ist das Gewohnte; und das Gewohnte ist am schwersten zu ›erkennen‹ […].«

Im vorliegenden Buch unternehme ich Spaziergänge durch die Gärten des Fremden, die, wie wäre es anders zu erwarten, das Eigene zum Vorschein bringen. Meine »Heimat« brauchte lange, um mir zum Gewohnten zu werden. Sie trug mir eine lebenslange Arbeit auf, nämlich das »Festland« zu verlassen, um in der Ferne mich des Eigenen zu bemächtigen Das Meer, das sich zwischen meiner Vaterinsel und dem Mutterland erstreckt, war lange der einzige Grund, von dem aus ich meine Selbsterkundung betreiben konnte. Ich musste mir Festland erschreiben. Schreibend mich meines Selbst vergewissern, indem ich es aufs Spiel setzte und mich in fiktiven Rollen weiter entwarf. In meinen Büchern gibt es keine Figur, die nicht die Sehnsucht in sich trüge nach dem, der ich, mangels fester Identitätszuschreibungen, auch gern gewesen wäre. Das andere Leben ist für den, der im Dazwischen lebt, eine stetige Versuchung. Schreiben bedeutete für mich also von Anfang an Selbsterhaltung wie Selbstverlust.

Die Gärten und die Städte

Meine früheste Erinnerung ist die ans Meer. Mein Kinderbett stand unter der Schwarzweißfotografie einer gischtenden Brandung, Wasser, dunkel an den schroffen Felsen von Toco in Trinidad aufschäumend. Kaum lag ich in den Kissen, toste es um meine Ohren. Aber mein Bett stand nicht in den Tropen, sondern in einem kleinen Aargauer Dorf. Und über mir wütete die Karibische See, die so wenig idyllisch ist, wie meine Kindheit war.

Mit meiner Mutter und dem ersten, dem leiblichen Vater – später auch mit dem zweiten – überquerte ich in einem Alter, in dem Sprechen noch kaum möglich war, auf dem Schiff mehrmals den Ozean. Am 25. November 1955, so ist der Passagierliste des englischen Schiffes *Hubert* zu entnehmen, stach ich mit meiner Mutter und meinem Vater Ralph von Liverpool aus in See Richtung Trinidad. Ich war damals etwas über vier Monate alt, und das Meer muss eine verschlingende Urgewalt gewesen sein. Das Tosen mein Urgeräusch, mit dem ich, unter der Fotografie liegend, Abend für Abend einschlief. Das Meeresrauschen war unheimlich und gab mir ein Gefühl der Unbehaustheit. Ich gehörte weder dahin noch dorthin, ich war im Dazwischen zuhause, das mich Nacht für Nacht zu verschlingen drohte.

Ein Dutzend Jahre später, längst hatte ich mein eigenes Bubenzimmer mit einem Poster von Winnetou an den Wänden und Federschmuck an der Bettstatt, konnte ich das Meerestosen zu einem traulichen Murmeln zähmen. Eines Tages schlich ich im Haus meiner Großeltern in die nie benutzte »schöne Stube«, eine Art Vorzeigestube für Sonntagsgäste, und setzte mich an den Tisch mit der gehäkelten Decke. Ich griff mir die beiden großen Muscheln, die in ihrem schwarzweiß gefleckten Muster wie eingerollte Katzen auf der Kredenz lagen, und presste sie an meine Ohren. Sofort hob das gewaltige Rauschen an. Das Meer war fern, aber die Muscheln in Griffnähe und ich ließ mich von diesem Ozean überschwemmen. Das Meer wurde mir zur Lauschhöhle, in die ich mich verkriechen konnte, wann immer mich das Fernweh überkam.

Der Garten meiner Kinderjahre war der Obst- und Gemüsegarten meiner Großeltern, in deren Haus ich aufwuchs. Er hatte zwei Rasenflächen, einige Apfel-, Birn-, Zwetschgen- und Quittenbäume, die im Sommer voller Blätter standen, während im Winter die Krähen sich auf den kahlen schwarzen Ästen zu unheilvollen Zeichen verteilten. Hinter den Rasenflächen, die durch ein Mäuerchen begrenzt wurden, erstreckten sich die Gemüsebeete, in denen Kohl, Stangenbohnen und Kartoffeln angepflanzt wurden, bei deren Ernte im Herbst ich jeweils mit anpackte. Ein schmuckloses Vorratshäuschen am Rand des Gartens, in dem die Kaninchen untergebracht waren, bildete den einzigen architektonischen Akzent in diesem Garten. Aber für mich war der Garten voller Wunder. Im Kaninchenhaus wimmelte es von Mäusen, denen ich mit Mäusefallen nachstellte. Über den Boxen gab es einen Heuschober, in den ich mich verkriechen konnte, damit meine Mutter mich suchen musste. Zwischen den Obstbäumen spannte ich Tücher und baute mir ein Indianerzelt.

Der Garten war auf allen Seiten offen und dennoch bot er Schutz. Er war ein Stück Welt, das mir allein gehörte, in dem ich mich frei bewegen und das ich mit meinen Phantasien ausfüllen konnte. Er war mein »Reich«, wie meine deutsche Großmutter, die nach dem Ersten Weltkrieg in die Schweiz geflüchtet war, arglos zu sagen pflegte.

An langen Nachmittagen verlor ich mich also in meinem Reich. Ich spielte, oft allein, indem ich die Umgebung in einen Dschungel oder eine Prärie verwandelte. Vom Pfeil eines feindlichen Komantschen getroffen, lag ich auf dem Rasen und starrte in den blauen Himmel, der von den Kondensstreifen der wenigen Flugzeuge zerschnitten wurde. Vom Dorf herauf blökte das Sägewerk. Ich folgte den Wolken, die sommers zu Bergen getürmt über dem gelb summenden Land lagen. Weder fremdem Getier noch Menschen war es erlaubt, in meinen Garten einzudringen. Nur der Stumpenqualm meines Großvaters durfte sich mit dem Blüten- und Erdgeruch vermischen. In allem lag ein fernes Echo. Im Windesrauschen des Apfelbaumes klang das Rauschen der Palmen am Strand von Maracas oder Blanchisseuse wieder. Im Gurgeln des Gartenschlauchs das Plätschern der Wasserfälle bei Couva. Das Sirren einer Fliege, der Goldglanz eines Käfers, die Hitze am Morgen eines Sommertags – wie viele Erinnerungen an Unaussprechliches sind in meiner Haut aufbewahrt?

Ich verbrachte eine Kindheit auf dem Lande, liebte die Hitze der Sommer wie die Kuhnagelkälte des Winters. Das Wetter war das Element, in dem ich lebte. Das Vergessen der ersten Inselerfahrung trat erst mit der Schule ein – und damit kam die Sehnsucht.

Meine Liebe zu den Gärten erwachte, als ich in die Welt hinausging. Die Welt? Immerhin, ich ging so weit wie möglich, und je weiter ich kam, desto neugieriger wurde ich auf das Leben der anderen. In diese Zeit der ersten Reisen fällt der Beginn meines Schreibens. Meine ersten Prosaseiten schrieb ich im Jardin du Luxembourg in Paris. Nachmittage verbrachte ich damit, im Jardin des Tuileries spazieren zu gehen oder im Parc des Buttes-Chaumont zu lesen. Es gab etwas in den Gärten, das mich anzog, das mich der Gegenwart entrückte und mich gleichzeitig gegenwärtiger machte. Ich war anwesend und abwesend, und so empfand ich in den Gärten von Anfang an ein Glücksgefühl. Sie waren meine Ideallandschaft, nicht die Berge, nicht die Wälder oder die Ferienorte.

Mit der Zeit begann ich mich für die Gesetze des Gartenbaus zu interessieren, in denen die Gesellschaftsbilder einer Epoche und die mentalen Strukturen einer Gesellschaft sedimentiert waren; aus dem französischen Garten von Versailles war das Abbild des Absolutismus ablesbar, in den englischen Gärten konnte man den Widerschein des Liberalismus eines Adam Smith ausmachen. Aber das Wissen, das mich auf meinen »Pariser Promenades« begleitete, hätte nichts gegolten, wären da nicht jene Augenblicke gewesen, in denen ich, aufschauend von einem Buch, den Sog der Leere vor einer Buchsbaumhecke, einer Gartenschneise oder einem abgeschiedenen Winkel gespürt hätte. Für einen Augenblick hatte ich das Nichts erlebt, und in diesem Nu fanden meine unstillbare Sucht nach Ferne und das Gefühl einer wohligen Verlorenheit zusammen. In jenen Augenblicken kehrten verlorene Momente meines Lebens aus dem Vergessen zurück und wurden zu einem Gegenwartsgefühl.

Bei sich sein: Am ehesten empfand ich es unter Bäumen, im Schatten eines Gartens und im Rauschen der Blätter. Meine ersten zwei, drei Jahre, die ich sprach- und erinnerungslos in den Tropen verbracht hatte, kehrten in den Gärten wieder.

Im Grunde sind wir geschichtsvergessene Wesen. Wir sind uns unserer Geschichte nur in wenigen Augenblicken bewusst. Sie in einem Moment zu erinnern, der nicht Teil einer Katastrophe ist, bedeutet, einen Augenblick des Glücks zu verspüren. Das Innewerden der eigenen Geschichte kann auch durch das Betrachten einer Fotografie ausgelöst werden. Das Foto zeigt, wie es einmal gewesen ist, es öffnet der Sehnsucht Tür und Tor. Bilder, wie sie beispielsweise der Basler Fotograf Christian Vogt macht, beschwören mit ihren Gartenansichten und Schauplatzbildern das Geheimnis der Abwesenheit. Oft zeigen sie »leere« Ort, von denen alles Herumliegende oder Zufällige entfernt wurde. Sie produzieren einen Sog der Leere.

Diese Latenz kann aber auch etwas Bedrohliches haben. Wenn es dämmert, zieht in die Gärten das Unheimliche ein. Die Schatten werden länger, das Licht flüchtet sich in die letzten Winkel, ein Ort wird zum Tatort. Nirgends wird dies eindringlicher als im Film *Blow Up* von Michelangelo Antonioni, den ich mir als Jugendlicher immer und immer wieder angeschaut habe. Die im Wind rauschenden Äste steigern das Bedrohliche der Stimmung, bis dem Betrachter auf einmal die im Winkel verborgene Leiche auffällt. Was bedeutet diese Leiche? Ihr Vorschein ist nicht nur ein Rätsel, sondern auch eine Erlösung; als stünde sie stellvertretend für das Verdrängte, das nicht zu integrierende Fremde.

»Die Kinder lärmen auf den bunten Steinen. / Die Sonne scheint und glitzert auf ein Haus. / Ich sitze still und lasse mich bescheinen / und ruh von meinem Vaterlande aus«, so schrieb Kurt Tucholsky 1924.

Gärten sind keine Vaterländer. Ihrer Definition als hortus conclusus gemäß sind sie ein Stück umzäuntes Land, abgegrenzt von der »wilden« Natur. Ein Flecken kultivierter Natur, der nie nur ganz in der Gegenwart liegt. Der Garten ist eine Metapher für die Ursehnsucht nach der Rückkehr ins Paradies.

»Es gibt also Länder ohne Ort und Geschichten ohne Chronologie«, schreibt Michel Foucault. »Es gibt Städte, Planeten, Kontinente, Universen, die man auf keiner Karte und auch nirgendwo am Himmel finden könnte, und zwar einfach deshalb, weil sie keinem Raum angehören. Diese Städte, Kontinente und Planeten sind natürlich, wie man so sagt, im Kopf der Menschen entstanden oder eigentlich im Zwischenraum zwischen ihren Worten, in den Tiefenschichten ihrer Erzählungen oder auch am ortlosen Ort ihrer Träume, in der Leere ihrer Herzen, kurz gesagt, in den angenehmen Gefilden der Utopien.« [...] »Es sind«, fährt Foucault fort, »gleichsam Gegenräume. Die Kinder kennen solche Gegenräume, solche lokalisierten Utopien, sehr genau. Das ist natürlich der Garten. Das ist der Dachboden oder eher noch das Indianerzelt auf dem Dachboden. Und das ist – am Donnerstagnachmittag – das Ehebett der Eltern. Auf diesem Bett entdeckt man das Meer [...].«

Das Zusammenspiel von Natur und Kultur in den Gärten half mir, meine Stellung zwischen den Kulturen zu beschreiben. Die Gärten erinnerten mich daran, dass Natur und Kultur – auch am Menschen – Variablen sind.»Der Garten«, fährt Foucault fort, »ist seit der frühesten Antike der Ort der Utopie. Wenn man den Eindruck hat, Romane ließen sich leicht in Gärten ansiedeln, so liegt das daran, dass der Roman zweifellos aus der Institution der Gärten entstanden ist. Das Schreiben von Romanen ist eine gärtnerische Tätigkeit.«

Nach der Publikation meines ersten Romans *Die verborgenen Gärten* entwickelte ich die Gewohnheit, in einer fremden Stadt die Gärten aufzusuchen. In Berlin ging ich in den Tiergarten, in Hannover besuchte ich Herrenhausen. In Lissabon stand ich vor einem künstlichen Teich voller Herbstgold, in der Villa d'Este in Tivoli vor Rom vor der Statue der Fruchtbarkeitsgöttin, und im Jardin de Kahn an der Porte de Versailles in Paris überquerte ich auf einer hölzernen Brücke zum ersten Mal einen Fluss aus Stein. Einmal, im Pariser Parc de la Villette, verließ mich, als ich im Bambuswald dem hohen Ton einer Flöte lauschte, das Gefühl für die Zeit. Ich setzte mich nieder, neben mir plätscherte ein in seinem Prospekt an den Renaissancegarten der Villa Lante erinnernder Brunnen, in Sichtweite lagen die »Folies«. Andere Zeiten meines Lebens überschwemmten mich, ich war gleichzeitig im Parco Celimontana in Rom und im Sacro Bosco in Bomarzo, in Vaux-le-Vicomte und in der Quinta da Regaleira in Sintra. Ich war im Garten meiner Großeltern ebenso wie in den weiten Anlagen des Parc André-Citroën. Ich erlebte alles gleichzeitig, als wäre die Gegenwart nie etwas anderes als der Fluchtpunkt meiner Vergangenheiten gewesen. Ich brauchte stets diesen kleinen Schock, um zur eigenen Geschichte und damit zu einem Bild meines Lebens zu gelangen.

Einen Garten nimmt man nicht nur durch den Verstand, sondern ebenso durch jene Sinne wahr, die in tiefere Schichten des Bewussten reichen. Diese unterschiedlichen Erfahrungsschichten konvergieren im Begriff der »Atmosphäre«, wie ihn der Philosoph Gernot Böhme versteht: »Atmosphären sind räumliche Gebilde, die in affektiver Betroffenheit erfahren werden. Jeder kennt Atmosphären aus der Naturerfahrung [...]. Aber Atmosphären sind nicht subjektiv, vielmehr können sie Dingen oder Situationen, einem Fels, einer Landschaft anhängen – worüber auch eine intersubjektive Verständigung möglich ist.«

In ausgezeichneter Weise schaffen Gärten Atmosphären und beziehen den Menschen mit ein. Böhme nennt hier den englischen Garten, aus dessen Theorie der »Charaktere« er den Begriff der Atmosphäre ableitet: »Der englische Garten war zum alltäglichen Gebrauch angelegt und sollte für das Leben des Benutzers, für seine psychische Ökonomie bestimmte Bedingungen schaffen und Möglichkeiten bereitstellen. Die englische Landschaftsgärtnerei war so gesehen nicht nur ein Zweig der Ästhetik, sondern der [...] Humanökologie.«

Zukünftige Gärten könnten noch mehr das sein, was sie unter der strengen Fuchtel der französischen Gartengeometer und der englischen Landschaftsmaler nie ganz sein durften: imaginäre Traumlandschaften. Landschaften, in denen der Mensch die Sehnsucht nach dem ganz Anderen und das Verdrängte und das im Prozess der Zivilisation Verlorene ins Bild setzt.

Die Metropolen und das Rätsel der Sehnsucht

Wenn Gärten der bevorzugte Ort für mein Schreiben waren, so war es Paris als Gärteig für meine Gedanken. Meine erste Reise mit siebzehn führte in die französische Metropole. Es war ein Hinaustreten aus der Enge, die mutwillige Flucht vor einer Heimat, die mir nie ans Herz gewachsen war. Ich fuhr mit dem Zug nach Paris und wurde von der Fülle der Existenzmöglichkeiten und Freiheiten fast erschlagen. Paris war eine Bühne, auf der ich mich neu entwerfen musste. Der Riss zwischen dem, was ich für andere darstellte, und meinem Selbstgefühl verschwand. Auf den Trottoirs konnte ich mich nicht satt sehen am Leben. In den Cafés, in denen ich Verlaine und Baudelaire las, spielten sich zwischen Mann und Frau Szenen ab, wie ich sie nur aus Filmen kannte. Ich schritt nachts um halb drei im Regen durch die leeren Straßen und genoss das Alleinsein. Ich streifte durch die Gerüche und Farben der Araber- und Afrikanerviertel und fühlte mich an meine Tropen erinnert; ich stand in den Bars der Transsexuellen, Nutten und Gigolos. Die Leichtigkeit, mit der ich mit Außenseitern wie mit Einheimischen ins Gespräch kam, erweckte in mir das Gefühl einer neu erworbenen Zugehörigkeit. In Paris drehte sich das Rad der Welt, hier konnte ich unauffällig werden.

Ein halbes Leben lang fuhr ich regelmäßig nach Paris und dennoch gelang es mir nicht, die Stadt zu erobern. Am Anfang pflegte ich ein eigentümliches Ritual: Kaum war ich an der Gare de l'Est aus dem Zug gestiegen, setzte ich mich in einen Bus und ließ mich kreuz und quer durch die Stadt chauffieren. In langen Fahrten wühlte ich mich in die Stadt hinein. Ich versicherte mich der Bushaltestellen, der Ruhebänke unter den Platanen und der Squares mit ihren Kieswegen; selbst Abfallkörbe erzeugten in mir ein Heimweh. Ich berührte die grünen Metallpfosten am Straßenrand, die Briefkästen, die Schriftzüge der Bäckereien erkannte ich wieder. Ich schritt durch enge Straßen mit komplizierten Doppelnamen, ich sammelte Geschichte ein, meine Geschichte in Paris. Ich stieg in den Untergrund und fuhr mit der Métro und lernte die Stationen auswendig, par coeur! Ja, am Anfang war alles ein großes Auswendiglernen; ich verbrachte keine Stunde in dieser Stadt, in der ich nicht aufgeregt gewesen wäre und etwas Neues erfahren wollte.

Wenn in Basel die Blätter fielen, stellte ich mir den Herbst in Paris vor. Die großen Cafés, wo man die flackernden Gasheizungen aufstellt, damit man seinen Pastis weiter draußen trinken kann. Während der Wintertrübnis in der Schweiz hörte ich vor Sehnsucht plötzlich Frauenschuhe auf dem Kopfsteinpflaster. Sommers schweiften meine Gedanken zu den glutheißen Boulevards; ich sah die Straßendirnen, die sich an das heiße Blech geparkter Autos lehnten, und sah die fiebernde Nacht über den Grands Boulevards aufgehen. Im Frühling roch ich den Geruch von Javelwasser, das frühmorgens durch die Straßenrinnen sprudelte, wenn ich, mein Gesicht noch unfertig und halb im Schlaf, in den Jardin du Luxembourg aufbrach. Ich wollte alles festhalten, was ich sah und was in mir vorging, es sollte, von Anfang an, meine Geschichte sein, die Geschichte meines anderen Lebens.

In den achtziger Jahren öffnete mir ein afrikanischer Freund die Zugänge zu den unterirdischen Restaurants, immense, mit Spiegeln ausgestattete Säle, in denen die schwarze Jeunesse dorée bis zum Morgengrauen dinierte, tanzte und aufspielte. Eine verborgene Stadt in der Stadt, wo die Schönheiten der Nacht sich einfanden und ich einmal in einer Ecke das reglose Gesicht von Miles Davis erblickte. Paris hatte damals Ende der achtziger Jahre für kurze Zeit die Diskriminierung der Ethnien ausgesetzt und lebte von der Faszination an deren Vermischung. Kaum ein Paar, das sich nicht an der gegenseitigen Fremdheit erfreute.

Die Metropole veränderte mich wie es nur Kunstwerke tun. Sie gab meinem abstrakten, an helvetischen Schlachten vertrockneten Geschichtsbewusstsein eine Lebendigkeit, selbst wenn ich über die immensen Friedhöfe ging: Die Namen der Toten öffneten einen Geschichtsraum – Voltaire, Sartre, Heine – den es in der Schweiz nicht gab. Hinter jeder zweiten Hausmauer lauerte die Geistesgeschichte, die ich als Philosophiestudent kennenlernte. Noch immer atmete die Stadt das Flair der Aufklärung ebenso wie die Scheußlichkeiten de Sades, die sich hinter dem finsteren Gemäuer an der Bastille und im Marais bewahrt hatten.

Wo lag mehr Verführung zum Leben? Diese Lust, dem Perversen einen imaginären Raum zu geben, um das Menschenmögliche zu Ende zu denken? Unvorstellbar die Straßen ohne die Beine der Frauen, die durch die Rue Diderot, Voltaire oder Rousseau eilen. Paris liebt das Spiel der Verdoppelungen, sei es, indem es sich in der eigenen Historie vervielfacht, oder in der Literatur, im Roman neu erfindet und verklärt, lobotomisiert und alphabetisiert. Und in den Kinos hatte sich die Stadt einen Echoraum erfunden; in diesen erotischen Bilderbörsen folgten die Filme Truffauts oder Rohmers ganz der Dramaturgie des Alltags in den Straßen und Parks.

In einem Traum, der mich ein Leben lang begleitet, gibt es diese Stadt noch einmal. Ganz und gar vollständig, nicht ein Stein fehlt. In diesem Traum bin ich ein Einwohner dieser Stadt, bin hier zuhause. Diesen Traum träume ich immer, wenn mich die Sehnsucht nach Leben aushöhlt. Wenn ich davon träume, dass das Leben anders hätte sein können.

Im Vergleich zu Paris ist London monumental, wuchtig, unerschütterlich in seinem Selbstvertrauen, vulgär und unbescheiden im Auftritt. Träte mir London im Traum entgegen, dann als junger Boxer, als Dandy und gleichzeitig als alter, spöttischer Lord, dessen Ironie am Untergang des British Empire gewachsen ist.

Meine Geschichte mit London begann Mitte der neunziger Jahre, als ich in der Kings Road meinen aus der ehemaligen britischen Kolonie Trinidad und Tobago stammenden Vater traf. Seit sich meine Mutter von ihm getrennt hatte, seit meinem vierten Lebensjahr, hatte ich ihn nie mehr gesehen. Erst im Alter von vierzig gelang es mir, ihn in London aufzuspüren und zu besuchen. Als er mir die Tür zu seiner bescheidenen Einzimmerwohnung öffnete, stand ich einem alten Mann gegenüber, der drei Monate zuvor durch einen Schlaganfall seine Sprache verloren hatte.

Ralph hatte bei der Royal Air Force gearbeitet, die ihm nun eine kleine Rente gewährte, die für seine Pflege aufgewendet wurde. In seinem Pflegeheim, zuerst in Battersea und dann in Brixton, traf ich andere Londonerinnen und Londoner, die aus allen Himmelsrichtungen des ehemaligen Kolonialreichs in die Metropole gekommen waren. Einen Schwarzen aus Barbados, der einen Flottenkapitän mimte, und einen ausgemergelten Schotten, der behauptete, ein weltbekannter Jockey zu sein. Ein schildkrötenköpfiger Inder stand jede Woche in Pyjama und Hausschuhen an der Pforte, neben sich wie einen treuen Hund einen Koffer, um zu Fuß nach Mumbay aufzubrechen. Jeder hier spielte die Rolle, die ihm ein Leben lang versagt geblieben war, und ich fühlte einen Stich in meinem Herzen: Waren sie alle nicht mit derselben Hoffnung wie mein Vater nach London gekommen, um sich zu verwandeln, um neue Lebensmöglichkeiten zu erproben? Und waren sie, schreckliche Parodie meiner selbst, nicht alle hier gestrandet? Die Figuren wurden zum Personal meines Romans *Meine Väter.*

Erst nachdem mein Vater gestorben war, kam ich mit einem Literaturstipendium nach London. Sofort nahm ich meine Eroberungswanderungen auf, besuchte die weitläufigen Parks, in denen Familien aus aller Herren Länder ihr Picknick abhielten. Stieg ich im protzigen Westend in die Tube, tauchte ich mitten in einem orientalischen Markt in Whitechapel wieder auf. London vereinte Kontinente, nicht nur, wie Paris, verschiedene Volksgruppen. Bangladeshis, Juden und Polen lebten mit der jungen Kunst- und Alternativszene Tür an Tür. Im Straßenbild sah ich Zugewanderte, Alteingesessene und Pendler, die abends die City wieder verließen. Touristen und bärtige Moslems wohnten neben orthodoxen Juden in den Spitalfields, wo die Broker und Softwarespezialisten tagsüber ihr organic food verzehrten. Schaute ich aus dem Fenster meines Schreibateliers, spazierten neben den Frauen in Miniröcken auch solche im Niqab vorbei. Sie stiegen aus Sportwagen und Luxuslimousinen und zückten brillantbesetzte Handys. Kopfverschleierte trugen enge Jeans und Highheels. Je mehr ich mich gegen diese Widersprüche wehrte, desto klarer wurde mir, dass die Vermischung der Ethnien hier weiter fortgeschritten war als irgendwo sonst in Europa. Es waren urbane Lebensformen entstanden, die zum globalen Modell werden konnten. Die Emanzipierte und die traditionsbewusste Muslima existierten in ein und derselben Person. Selbst diejenigen Frauen, die freiwillig auf den Schleier zurückgriffen und damit eine Re-Ethnisierung betrieben, hatten die Unmittelbarkeit des Glaubens verloren und führten ein Leben im Dazwischen. Diese Großstadt war ein Völkerlabor.

Es fiel mir schwer zu glauben, dass mein Vater hier sein Leben verbracht hatte. Ich beneidete ihn darum, ein Großstädter zu sein. Wo er gelebt hatte, wie er seine Zeit verbracht und wen er gekannt hatte, erfuhr ich nie. Zu Ohren kam mir, dass er ein Gambler, ein Flaneur, ein Stadtgänger gewesen war; ein Mann mit vielen Gesichtern. Als junger Bursche war er von Trinidad nach London aufgebrochen und hier hatte sich seine Spur verloren; von seiner Familie in Trinidad wusste keiner, wo er sich herumtrieb. Der Trinidadische Schriftsteller Samuel Selvon freilich hatte ihm 1956 in seinem Roman »The Lonely Londoners« ein Denkmal gesetzt. Darin protokolliert er die tragikomischen Versuche der westindischen Einwanderer der fünfziger Jahre, in London anzukommen und am aufregenden Leben der Metropole teilzunehmen. »Jesus Christ«, lässt er einen Ankömmling ausrufen, »when he say ›Charing Cross‹, when he realise that is he […], who going there, near that place that everybody in the world know about […] he feel like a new man.« Und: »Many nights he went there before he get to know how to move around the city, and see them fellars and girls waiting, looking at they wristwatch, watching the people coming up the escalator from the tube.«

Acht Jahre, nachdem ich meinen hünenhaften Vater im Rollstuhl ins Altersheim begleitet hatte, musste ich einen Ort für seine Asche suchen. In Londons Norden, in Golders Green, lag ein Friedhof, der einem englischen Park voller Weiden, Pappeln und Rhododendren glich. Statt Steinmonumente und Grabplatten gab es hier nur Pflanzen, Bäume und Büsche, die aus der Asche der Toten sprossen. Dieser Garten war ein ganz und gar künstliches Gebilde, so künstlich wie alle englischen Gärten, die mit höchster ästhetischer Raffinesse eine zweite Natur arrangieren, sodass zuletzt auch dieser Friedhof wie gewachsen aussah. Mein heimatloser Vater sollte nicht in seinem Land, sondern in der Erde seiner letzten Wahlheimat seine Ruhe finden: Dort wuchs er als Rosenstock weiter.

Noch immer versprechen die Leuchtreklamen am Piccadilly Circus das volle Leben. Bis heute hat London nichts von diesem Versprechen eingebüßt, das Flüchtlinge wie Geschäftsleute, Kulturschaffende wie Touristen anzieht. Dabei verdankt sich die »Weltoffenheit« dieser Stadt einem Doppelaspekt der englischen Aufklärung, die Weltentdeckung und Welteroberung war. Als ich den Gründungssaal des British Museum, den »Room of

Enlightenment« besuchte, war ich beeindruckt von der Anzahl Bücher und Folianten aus der Aufklärungszeit, die dreistöckig an den Wänden gestapelt waren, ergänzt durch Objekte, welche die Eroberungs- und Entdeckungsreisen dokumentieren. Werkzeuge, Instrumente und Kleinodien belegen die Sammellust von Seefahrern, die alles nach Hause trugen, was sie nur konnten. Für die exotischen Pflanzen, die heute in Kew Gardens wachsen, wurden eigene Holzgefäße konstruiert, um sie auf der Überfahrt vor dem Salzwasser zu schützen.

Dank seiner Geschichte ist London ein Modell für eine gemischtethnische Gesellschaft geblieben. London, Paris oder Amsterdam, die »Mutterstädte« ehemaliger Kolonialreiche, verfügen über Erfahrungen im Umgang mit Fremden, sie sind heute – wenigstens dies mag eine segensreiche Folge des Kolonialismus sein – Laboratorien der Vermischung. Sie besitzen ausreichende historische Substanz, um im Erosionsprozess der Globalisierung ihr Gesicht nicht zu verlieren. Will ein Immigrant dazugehören, muss er sich aus dem Korsett der agrarisch geprägten Moral seines Herkunftslandes befreien und das Wertesystem der britischen Gesellschaft übernehmen. Erfolg, so die Botschaft, ist der stärkste Anreiz für eine Eingliederung in die Gesellschaft. Immerhin: Großbritannien hat in den siebziger Jahren eine breite antirassistische Kampagne geführt, von der noch einiges in Erinnerung geblieben ist. Im britischen Fernsehen wie im Polizeicorps sind Minderheiten sichtbar vertreten; auf rassistische Vorfälle reagiert man mit einer Strategie der »social inclusion«. Über Jahre wurden Einschließungsmechanismen gefördert, auch wenn dadurch fremdenfeindliche Vorurteile noch lange nicht beseitigt sind.

London hält an seinen Traditionen fest; noch immer tragen die Schülerinnen und Schüler Uniformen, noch immer ist die Tasse Tee Inbegriff für Häuslichkeit und Wohlergehen. Zugleich ist London eine innovative Stadt, wo in der Kunst, der Musik oder der Mode Innovationen möglich sind. Die Metropole ordnet das Verhältnis von Tradition und Innovation immer wieder neu; beides scheint sich hier gegenseitig zu bedingen. Es ist das Privileg europäischer Städte, dass sie in Zeiten, in denen die Globalisierung Städte auf anderen Kontinenten bis zur Seelenlosigkeit entstellt, durch ihre Geschichtsstärke immer noch unverwechselbar bleiben.

Für meinen Vater, der in der ethnisch zusammengewürfelten und im Gefühl der Wurzellosigkeit dahintreibenden Inselbevölkerung Trinidads aufwuchs, war London der Inbegriff des Erstrebenswerten. Im »Mutterland« seiner Kolonie gab es Festgebautes, das sich über Jahrhunderte bewährt und Geltung hatte, während auf seiner Insel alles auf Sand stand.

Auf meinen Reisen durch Indien wurde ich oft gefragt, wie indisch ich mich fühle. Väterlicherseits von einem in die Karibik ausgewanderten Inder abstammend, der sich zuletzt kaum noch als Inder fühlte, war ich stets um eine Antwort verlegen. Nationale »Verwandtschaften« sind Einbildungen, die nur mit Geschichten beglaubigt werden können. Gewiss, oft fiel mir das Vertraute in kleinen, alltäglichen Gesten der Menschen auf, in der Mimik eines Händlers, der mir Tee verkaufte, im schelmischen Blick eines Straßenjungen; auch hielt man mich bei Flughafenkontrollen oft für einen indischen Filmschauspieler, was ich mit einem gequälten Lächeln von mir weisen musste. Ich wurde oft verwechselt, und es traf den Status meiner prekären Identität, für jemanden gehalten zu werden, der ich nicht bin. Die Ähnlichkeiten waren jedoch nur ferne Echomomente, die keinerlei Zugehörigkeitswünsche in mir aufkommen ließen. Sie verstrickten mich allerdings in Spekulationen, wer ich sonst noch alles hätte sein können.

Identität ist nichts anderes als ein Echoraum, in dem Eigenes mit Fremdem korrespondiert und das Eine ins Andere hinüberspielt. Statt von einem Identitätskern zu sprechen, wäre es angebrachter, von diesem Echoraum mit Vorlieben und Idiosynkrasien auszugehen.

Der Gedanke, mit einem Milliardenvolk verwandt zu sein, hatte indes auch etwas Schwindelerregendes. Wenn es ein »indisches Wesen« gibt, dachte ich, dann ist es von meinem Wesen Äonen entfernt. In Indien fehlte mir nicht nur Vertrautes im Verhalten der Menschen, es gab auch keinen »Sound« in der Luft, keine Ironie und keinen Blues. Ich war mir bewusst, dass es das alles in Indien gab; nur konnte ich es nicht finden.

Neugierig zwängte ich mich eines Tages in eine der Gassen, die in einen Slum führte. Schlagartig wurde es eng und dunkel, und die Gerüche von Urin, Kot, Verbranntem, Rauch, Gärendem, Abgestandenem und Verfaultem sprangen mich an. Halbnackte Kinder, Verstümmelte und Einäugige kauerten in den Hauseingängen, die Gasse wand sich um Ecken und schien direkt in den Hades zu führen. Die stummen Wesen verfolgten mich wortlos mit harten Blicken. Der Gestank bohrte sich in meine Stirn. Der Ruß der Wände, vor denen Mensch und Tier wie Schatten kauerten, rieselte über mein Gesicht. Je weiter ich voranschritt, desto dunkler, stinkender und stiller wurde es. Zuletzt konnte ich kaum mehr atmen und flüchtete. Außerhalb dieses Viertels hatte ich sofort das Verlangen, mich zu waschen, obwohl ich nichts berührt hatte. Der Freund, mit dem ich in diese Elendsgasse eingedrungen war, wurde innert weniger Minuten von hohem Fieber befallen, das Gott sei Dank bald wieder verschwand. Keine andere Annäherung ans Fremde schien hier möglich als die der Infektion. Auf dem schmalen Weg in den Slum hatte es von pissenden Hunden und Ziegen, von räudigen Katzen und kranken Affen gewimmelt. Aber auch außerhalb des Slums lebten Tier und Mensch in enger Gemeinschaft. Auch auf öffentlichen Plätzen, vor Privathäusern, Einkaufshallen, überall konnte man auf wiederkäuende Kühe stoßen. Die Menschen suchten keine Distanz zum Tier, alles war mit allem in Berührung.

»Beim Ekel vor Tieren«, schrieb Walter Benjamin, »ist die beherrschende Empfindung die Angst, in der Berührung von ihnen erkannt zu werden.« In Indien schienen diese Berührungsangst und dieser Ekel weniger stark ausgeprägt zu sein. Verbreitet war jene religiöse Nähe, die noch in jedem Tier einen Wiedergeborenen vermutet. Das mindert nicht den Skandal des überall anzutreffenden Schmutzes, der ein empörender Ausdruck von Armut ist. Aber es erklärt vielleicht, warum viele Inder den Schmutz zu ertragen sich angewöhnt haben. In dem Film *Slumdog Millionär* springt der kleine Jamal Malik in einen Bottich voll menschlichen Kots, um sich das Konterfei eines prominenten Schauspielers signieren zu lassen. Diese Szene kann man als Matrize indischer Entwicklungsmöglichkeiten von einem Leben in der Scheiße bis zum Status einer landesweiten Filmberühmtheit verstehen. Merkwürdig erscheint diese Anverwandlung des American Dream nur dem, der nichts von der Reinkarnationslehre des Hinduismus weiß. Darin ist das Leben als Mensch immer nur ein vorläufiges. Zum Elendsleben in den Slums gehört das Märchen von seiner Aufhebung in einer anderen Gestalt notwendig dazu.

Die meisten der Bollywoodfilme, die ich in den düsteren, mit Kind und Kegel besetzten, hohen hölzernen Hallen sah, hatten den Fortschritt Indiens zum Thema. Indien stellt sich der Notwendigkeit zur Modernisierung oft sehr eigenwillig. Modernisierung und Rückständigkeit scheinen einander nicht auszuschließen. Die städtischen Inder sehnen sich zwar nach einem westlichen und aufgeschlossenen Leben, aber die Langsamkeit und der im Religiösen verwurzelte Fatalismus der Landbevölkerung verstrickt den Prozess der Modernisierung in kuriose Widersprüchlichkeiten. Da war zum Beispiel der Elefant, der von einem in Lumpen gehüllten Mann über die vierspurige Autobahn ins Stadtzentrum geritten wurde und der mir wie ein archaisches Traumbild entgegenkam. Links und rechts von ihm hupten die Tata-Autos, die Luft über dem Elefanten war mit Abgas geschwängert, als würde dichter Herbstnebel die Häuser ringsum einhüllen. Dieses Bild, der Elefant auf der Autobahn, war ebenso als Apotheose des ökologischen Fortschritts wie als Auflehnung der leidenden Kreatur gegen den Irrsinn der Modernisierung zu deuten, sodass mir im nächsten Augenblick die Tata-Mobile wie Käfer erschienen. Dieser Verschlingung von Moderne und Archaik begegnete ich erneut auf dem Connaught Place:

Spätnachts pries ein Rikschafahrer sein freies Gefährt als »Indian Helicopter« an; dazu passte die Aufschrift auf den stinkenden Bussen: *Propelled by clean Gas.* Die Innovationskraft der indischen Gesellschaft, deren ländliche Mehrheit noch immer im Mythenzeitalter lebt, überspringt mühelos jede Grenze. In einem düsteren, am Stadtrand von Mumbay gelegenen Café erlebte ich in einer Fernsehübertragung die Rückführung von Mahatma Gandhis Brille und Sandalen ins eigene Land. In Großaufnahme, untermalt von der Musik der Rolling Stones, wurden Gandhis Sandalen mit der einer nationalen Reliquie geschuldeten Innigkeit auf einem weißen Kissen präsentiert. Alle Zuschauer erstarrten auf der Stelle und falteten die Hände.

Noli me tangere – das könnte für jenes Land gelten, das mir als das fremdeste überhaupt erschien: Japan. In den Straßen Tokios verirrte ich mich, weil ich keine Nummern und Namen fand; unentzifferbar waren mir ebenso die Gesichter der Leute, ich konnte sie, so wenig wie die Schrift, verstehen, konnte ihre Gefühle und Regungen nicht erraten. Auch das Alter der japanischen Frauen, die mir in der U-Bahn gegenübersaßen, ließ sich nicht erraten.

Welche Gefühle hegte der Mann, den ich nach dem Weg fragte? Was dachte die Frau, die mir hinter dem Tresen zulächelte? Höflichkeit war wie ein Schleier, der sich über andere Schleier legte. In Japan, so wollte mir scheinen, war Höflichkeit zur perfekten Maske geworden, hinter der man sich verbergen konnte. Ich sah Gesichter, die keine Emotion berührte. Makellose Spiegel.

In meiner Erinnerung hat sich Japan zu etwas Rätselhaftem verschlossen. Mein Versuch, Japan zu verstehen, endete stets im Paradox der offenen Oberfläche, in die sich nicht eindringen ließ. In meinen Träumen stellte ich mir vor, dass man ein japanisches Gesicht entfernen könnte und darunter würde dasselbe Gesicht noch einmal erscheinen. Ich musste an den Roman von Kobo Abe denken, *Das Gesicht des Anderen*, in dem jemand sein Gesicht durch ein neues ersetzt.

In Shibuya wohnte ich im 38. Stock; gläserne Gebäude, Schaufenster, Leuchtbildschirme mit Reklamen unter mir. Oberflächen, die meine eigene Ratlosigkeit spiegelten. Glas als Zwischen-Raum, in dem sich bewegt, was nicht Glas ist und zur Spiegelung, zum Phantasma wird. Eindringen unmöglich. Ich begriff, dass Japan kein Land ist, in dem der Schleier gelüftet werden kann. Das Gegenteil von Schein war hier nicht Tiefe, nicht das Wesen, nicht das Eigentliche – sondern die Leere. Die Leere, wie Roland Barthes sie beschrieb, als Zentrum der Macht. Als grenzenlose Macht der Imagination. Leere konnte auch als Stille auftreten, dann war sie umgeben von einem stetigen Geflüster, einem dem Schweigen abgerungenen Raunen und Rauschen. Laute Stimmen hörte ich erst wieder nach meiner Rückkehr nach Europa.

So machte ich mich auf zum Zentrum der Leere, von dem ich seit über einem Vierteljahrhundert träumte. In meinem ersten Roman, *Die verborgenen Gärten*, hatte ich den Garten von Ryuanji in Kyoto beschrieben, ja beschworen, ohne ihn gesehen zu haben. Mein Held schwärmte von ihm als dem Höhepunkt der Gartenkunst, dem nie mehr erreichten Gipfel magischen

Denkens und der Künstlichkeit: »Es handelt sich hier, wie soll ich sagen, um pure Ekstase. [...] Die Ekstase des Nichts. [...] Bestehend [...] nur aus der Fläche, der Größe eines Tennisplatzes [...], ausgefüllt [...] mit weißem Sand [...] die Zeit, ach [...]. [...] ein Gedicht, verstehen Sie! [...] unaussprechbar [...] eine Offenbarung, eine Offenbarung des Nichts! [...] ein Sternbild [...] und zugleich die vollkommenste Epiphanie [...] des Sinns. Wirklich, wirklich und sakral.«

Auf dem von bemoostem Grund und weichem Grün eingefassten Weg schritt ich auf den Garten von Ryuanji zu; mein Blick wurde von klaren Linien und Ordnungen gelenkt. Der Zufall war eliminiert, alles war letztgültige Aussage. Dann betrat ich den Tempel, von dem aus man, auf einer hölzernen Terrasse, direkt in den Garten hinunterschauen konnte. Nun lag er vor mir, Erinnerung und durchlässige Gegenwart. Mit seinen aus der Stille auftauchenden Steinen, deren wirkliche Größe sich nach längerem Hinschauen nicht mehr bestimmen ließ, denn der geharkte Sand war eine imaginäre Landschaft, die aus den Steinen zugleich Felsen oder Gebirge machte.

Bald vergaß mein Körper das Holz, auf dem ich saß, und mein Blick glitt zur Mauer des Gartens. Sie war zinnoberrot, durchbrochen von Moosgeflecht. Die Mauer schien uralt, sie musste vor Tausenden von Jahren und lange vor dem Garten gebaut worden sein. Und sie war lebendig: Ich sah Schlachten, Gewimmel und Samuraikrieger, ich sah Tücher und Schwerter und verspritztes Blut.

Wind zog durch die Stille. Wo war ich? In Ryuanji? Schon immer da gewesen!

Stets war ich ein mühselig Reisender. Kein Abenteurer und keiner, der bei Wüstendurchquerungen Notizen über sich selber machte oder bei indigenen Völkern Riten und Gebräuche erforschte. Ich reiste, um zu sehen, wie andere in anderen Ländern lebten. Ich reiste viel, aus Neugierde und um dem Druck falscher Zuschreibungen zu entgehen.

Zu den faszinierendsten Reisebüchern zählte ich stets jenes von Elias Canetti, das am Ende einer Epoche zum letzten Mal das wahrhafte, alles aufs Spiel setzende Reisen beschwört. »Gute Reisende sind herzlos«, schreibt er in *Die Stimmen von Marrakesch.* »Auf Reisen nimmt man alles hin, die Empörung bleibt zu Haus. Man schaut, man hört, man ist über das Furchtbarste begeistert, weil es neu ist.« 1954 war Canetti drei Wochen in Marrakesch und hat sich dem Fremden geöffnet, ohne die Eindrücke zu notieren – und wohl auch ohne zu beobachten, um notieren zu können. Erst in London machte er Notizen; das Buch selber erschien erst vierzehn Jahre später. Canetti rettete sich durch die Reise über eine latente Krise in London hinweg. Er suchte das Andere, um sich zu verwandeln. Fuhr er, fragte ich mich bei der Lektüre, ins »wunderbare« Marrakesch, um den Erzählern zuzuhören und sich als »Orientalen« selber näherzukommen?

Für das Fremde aber findet Canetti keine Worte: »Da waren Ereignisse, Bilder, Laute, deren Sinn erst in einem *entsteht*; die durch Worte weder aufgenommen noch beschnitten wurden; die jenseits von Worten, tiefer und mehrdeutiger sind als diese.« Dabei fragt er sich, welche Erfahrung durch die Sprache verdeckt wird. »Ich habe während der Wochen, die ich in Marokko verbrachte, weder Arabisch noch eine der Berbersprachen zu erlernen versucht. Ich wollte nichts von der Kraft der fremdartigen Rufe verlieren. [...] Ich hatte nichts über das Land gelesen. Seine Sitten waren mir so fremd wie seine Menschen. Das Wenige, das einem im Lauf eines Lebens über jedes Land und jedes Volk zugeflogen kommt, fiel ab in den ersten Stunden.«

Für einen Schriftsteller, der sich im Zuge der Niederschrift von *Masse und Macht* einer schier unerschöpflichen ethnografischen Bibliothek bediente, ist die Verweigerung jedes Vorwissens ein eindrücklicher Gestus. Canetti träumt von einem Mann, »der die Sprachen der Erde verlernt, bis er in keinem Lande mehr versteht, was gesagt wird«. Er gibt einem blinden Bettler eine Münze, der sie daraufhin in seinen Mund nimmt und »kaut«, bevor er sie, mit viel Speichel, in seiner Tasche verschwinden lässt. »Ich versuchte, meinen Ekel vor diesem Vorgang in seiner Fremdartigkeit aufzulösen. [...] Aber dieser alte Mann war nicht ich, was mir Ekel bereitete, war ihm ein Genuss [...].« Canetti weiß nicht, warum der Bettler die Münze in den Mund nimmt, und er will schließlich nichts mehr begreifen. Als ihm, eine Woche später, ein Passant eine Erklärung anbietet, weist Canetti diese als »Unsinn« zurück. Denn das Nichtverstehen lässt ihn mit etwas zurück, das für ihn wertvoller und nur schwer in Worte zu fassen ist: »Eine wunderbar leuchtende, schwerflüssige Substanz bleibt in mir zurück und spottet der Worte.« Es ist ein Gefühl vor jeder Sprache. Auch die »Stimmen« der Stadt, die in jedem Kapitel gesammelt werden, sind Laute vor jeder sinnstiftenden Aussage.

Canetti hat die zeitgenössische Sprachskepsis nie geteilt. Die Sprache, die deutsche Sprache zumal, gehörte vielmehr zu seinen ersten Eroberungen. Im Hause seiner Kindheit wurden, wie er in *Die gerettete Zunge* schreibt, drei Sprachen gesprochen: Deutsch, Bulgarisch und Spanisch. Bulgarisch war die Sprache der Dienstmädchen, seine Eltern hingegen redeten mit den Verwandten und Freunden in einem altertümlichen Spanisch. Obwohl, wie er schreibt, alles in seinen ersten Jahren auf Spanisch oder Bulgarisch besprochen wurde, waren seine Erinnerung daran auf Deutsch. Wie ist das möglich, fragt er sich – und weiß darauf keine Antwort. Das Deutsch, das er in seiner Kindheit vernahm, war die Sprache, die seine Eltern sprachen, um etwas geheim zu halten. Natürlich musste ihm gerade diese »Geheimsprache« besonders am Herzen liegen, so erst wurde sie ihm wertvoll und unantastbar. Die deutsche Sprache, bemerkt Canetti, hat die beiden Eltern immer verwandelt. Sie war für ihn nicht nur eine »Geheimsprache«, sondern auch eine Sprache der Liebe und konnte als solche jeden verwandeln. »Sie (die Eltern) wurden überaus lebhaft und lustig dabei, und ich verband diese Verwandlung, die ich wohl bemerkte, mit dem Klang der deutschen Sprache.« Canetti begegnete dem Ausgeschlossensein dadurch, dass er sich die Sprache der Eltern heimlich selber beibrachte und sie schließlich zur Sprache seines Schreibens machte.

In Marrakesch, wo ihm die Sprache versagt, betritt er das alte jüdische Viertel und begegnet dort sich selber. Mitten in der Mellah kommt er auf einem viereckigen Platz ans Ziel seiner Reise. Der Platz, auf dem Hühner feilgeboten werden, auf dem ein Bettler mit Wohlgefühl einen Krapfen verschlingt, verzaubert ihn: »Ich mochte nicht mehr weg von hier, vor Hunderten von Jahren war ich hier gewesen, aber ich hatte es vergessen und nun kam mir alles wieder. Ich fand jene Dichte und Wärme des Lebens ausgestellt, die ich in mir selber fühlte. Ich *war* dieser Platz, als ich dort stand. Ich glaube, ich bin dieser Platz noch immer.«

Canetti beschreibt dieses Erlebnis des Mit-Sich-Selber-Identisch-Werdens mit einer paradoxalen Wendung: Ich bin dieser Platz. Noch einmal gibt es eine Stelle im Buch, in der das Innere und das Äußere, Zeichen und Bezeichnetes, Laut und Sprache ineins fallen. Es ist das am Schluss beschriebene Bündel auf der Djemaa el Fna, wo sich die Stimmen von Marrakesch zu einem einzigen Laut vereinen, zu einem tiefen, langgezogenen, surrenden Ä-ä-ä-ä-ä-ä-ä-ä. Das Geschöpf, von dem dieser Laut stammt, ist nichts als dunkler und rauer Stoff, er sieht den Mund nicht und nicht die Augen und keinen Teil des Gesichts. Als zusammengekrümmtes Bündel liegt es in der Mitte des Platzes, den Blicken der Vorübergehenden ausgesetzt. Der Autor nähert sich ihm mit äußerster Ehrfurcht und ist dennoch von ihm angezogen: »Sein Weg hin und zurück war mir noch heiliger als mein eigener.« Und er ist stolz, dass es lebt.

Offensichtlich ist es auch die Unentzifferbarkeit, die ihn anzieht. Die Ungestalt des Bündels ist ein Hinweis auf seine Vorsprachlichkeit. »Der Sinn des Rufes blieb mir so dunkel wie sein ganzes Dasein.« Kein Wunder, dass Canetti in seinem Ä-ä-ä-ä-ä zuletzt eine verkürzte Version des Namen Gottes zu hören glaubt. Denn Gott ebenso wie die namenlose Kreatur sind Chiffren für das Fremde, das sich nicht anverwandeln lässt. Die »wunderbar leuchtende, schwerflüssige Substanz«, die in ihm zurückbleibt, ist der Zauber des Fremden. Canetti, früh im Leben verschiedenen Sprache und Geografien ausgesetzt, will das Fremde aushalten. Er verweigert sich jeglicher Rückübersetzung. Er will sich selber ein Fremder werden. Zurück aus Marrakesch kann er weiterschreiben.

Das Unbehagen in der Natur

Ich stehe in der südlichsten Provinz Europas auf jenem Felsen, wo in mythischer Zeit einmal das Ende der Welt war, über der Meerenge von Gibraltar. Hier gurgelten und spien die Ungeheuer Skylla und Charybdis, und zwischen dem Berg Moussa und der Fata Morgana des aus dem spanischen Ödland aufragenden Echsenrückens setzte Herkules seine Säulen. Unerwarteterweise muss ich mich zahlloser Affen erwehren, die hier eine Exilheimat haben. Ohne jene Angst und Scheu, die Tiere sonst vor Menschen haben, springen sie uns Besuchern auf die Schulter und zupfen uns an den Haaren, wenn wir versunken über die dunstige Meerenge bis ins marokkanische Riff spähen. Von Afrika wiederum blicken die Immigranten im Schlepptau der Banden sehnsuchtsvoll auf den Affenfelsen. Sie lassen sich, trotz Lebensgefahr, das Paradies nicht ausreden. Einige Hundert Meter unterhalb des äffischen Gezänks frönt die britische Zivilisation ihren Ritualen von Tea and Toast; in den von London hierher verpflanzten roten Telefonkabinen fehlen die Apparate, die dieses Lummerland mit dem Rest der Welt verbinden würden.

Einen Steinwurf von hier, in Sevilla, plätschert Brunnenwasser über farbige Kacheln und bricht sich im Licht der Gärten des Alcázar. Peter der Grausame baute sie im 14. Jahrhundert und impfte sie mit jenem Genius Loci kultureller Toleranz, die in unserem Abendland immer mehr in Vergessenheit gerät. Während die Grundmauern des Alcázar die Erinnerung ans Römische Reich wachhalten, findet in den Gartenparterres, den Labyrinthen, Brunnen und Orangenhainen die Verschmelzung des jüdischen Geistes mit dem maurischen Kalifat und den spanischen Königshäusern von Kastilien und León statt. Der Genius Loci erzählt davon, dass das Arabische einmal die Sprache fortschrittlichster Wissenschaft, genauester Mathematik, profundester Medizin und schönster Poesie war. Noch immer sind die zahllosen Wasserbecken, gemäß dem Wort des Propheten, leicht bewegt, um jede vollkommene Spiegelung zu verhindern.

Von diesem Frieden im Schatten der 500 Jahre alten Zypressen und Zedern wissen die Affen von Gibraltar nichts. Ihr Gedächtnis ist kurz. Fressgierig schauen sie mir so lange ins Gesicht, bis ich mir fremd zu werden drohe. Nur wenn ich hinüberblicke in den Atlas, dahinter die endlosen Wüsten erahnend, in denen einmal die Zivilisation begann, halten sie einen Augenblick inne und schauen mich an, als wünschten sie, endlich von mir hinübergetragen zu werden.

Tiere begleiteten meine Kindheit, oft auf brutale Weise. Im Kaninchenstall meines Großvaters gab es Mäuse, die ich mit Speck und Käse fing. Sie wurden von meinem Großvater ertränkt. Und alle drei Monate schlachtete er eines der Kaninchen, die ich allabendlich mit frischem Gras zu füttern pflegte. Dieses Kaninchen kam sonntags als Braten auf den Tisch, an dem mir jeder Bissen im Hals stecken blieb.

Tiere waren mir stets unheimlich. Am meisten liebte ich Tiger und Elefanten, die sich nicht berühren ließen.

Das erste Pferd, an das ich mich erinnern kann, stand schnaubend und mit den Hufen scharrend im Stall des Dorfschmieds. Ein gefleckter Schimmel, der wiehernd gegen das Holzgatter trat, wenn der Schmied einem anderen Pferd mit dumpfen Schlägen das Hufeisen verpasste. Als Knirps stand ich gerne im beißenden Geruch des verbrannten Horns und war fasziniert von der Größe des Tiers. Die Pferde, die Elefanten, Tiger und Löwen verkörperten meine Bubensehnsucht nach Stärke. Ich träumte mich in sie hinein und versah mich mit ihren Eigenschaften. Am Ende meiner Kindheit, am Ende des tierreichen Märchenzeitalters, fand ich mich unversehens erneut von Tieren umgeben. Nun hatten sie sich verwandelt und traten als Comicfiguren, als Filmmonster, als Sternzeichen oder als Markenembleme in mein Leben.

Worin besteht das Rätsel der Tiere? Liegt es in ihrer Fremdheit, die nie ganz übersetzbar sein wird? Als Kreatur sind sie der Inbegriff einer Unschuld, an der wir den Grad unserer Vergesellschaftung erkennen können. Wir können Tiere essen oder ihr Fleisch verschmähen, wir können sie industriell züchten oder artgerecht in zoologischen Gärten ausstellen: sie bleiben unsere stummen Begleiter, und als solche sind sie ein Indikator unserer weltlichen Existenz. Menschen haben die Tiere nicht nur verehrt, sondern für kultische Zwecke geschlachtet und gegessen, um sich ihre Eigenschaften einzuverleiben. In diesem Einverleibenwollen spricht sich nicht nur die Erinnerung an unsere Herkunft aus, sondern auch die Sehnsucht, selber wieder Tier zu sein.

Die Tiere bilden eine Parallelgesellschaft, die den Prozess unserer Zivilisierung laufend kommentiert. Waren Tiere früher Teil einer großen, kaum eingrenzbaren Familie, verschwanden sie im Zuge der Industriellen Revolution von der Seite des Menschen, um zur Zierde und zum Wohlgefallen als Nahrungsmittel Verwendung zu finden. Ein Bild des Tiermalers George Stubbs (1724–1806), *Bay hunter by a lake*, markiert eine entscheidende, bereits von Sehnsucht nach dem Verlorenen geprägte Phase unseres Verhältnisses zu Tieren: das Herausfallen aus ihrer natürlichen Umgebung. Stubbs Pferde stehen einsam, isoliert und melancholisch da, und ihre Körper – das offenbart nicht nur der kupierte Schweif – sollen nur noch Wohlgefallen wecken. Von der Wildheit ist nichts mehr übrig.

Stubbs malte seine Pferde zu einer Zeit, als sie auf dem Weg waren, zum Emblem zu werden. Darin war der stets des Kunsthandwerks verdächtigte Maler zweifellos ein Avantgardist, denn sein bekanntestes Bild, *Whistlejacket*, ist eine Vorwegnahme des Produkt-Emblems, wie es heute eine Schokoladen- oder Autofirma zieren könnte. Die mit der Industrialisierung erwachende Sehnsucht nach dem Tier beförderte seine Züchtung und Verwertung und vertiefte zugleich die Sehnsucht nach ihm.

Tiere, mit denen wir aufwachsen, bilden das Echolot unserer tiefsten Sehnsucht nach dem Anderen. Ein Tier anzuschauen bedeutet stets, dem unvorstellbar Anderen ins Auge zu blicken, was nie ganz ohne Furcht und Beben geht. Viel mehr als die Begegnung mit den Haustieren im Alltag versprachen mir die Zirkustiere eine Berührung mit dem Wilden und Ungezähmten. Ich wünschte mir, dass die Löwen und Tiger wirklich gefährlich waren. Die Nähe zu Tieren konnte sich aber auch als Ekel zeigen: Nie getraute ich mich ohne Schauder mit der Hand über ein Hundefell zu streichen oder dem Pferd, der Kuh fütternd ins Maul zu langen.

Tiere sind ein Teil der Heimat auf Erden. So unsinnig es ist, unser Verhalten von ihnen ableiten zu wollen, so erinnern sie uns stets daran, dass wir einmal wie sie waren. Spätere Zeitalter wird der Anblick von Tieren vielleicht wieder mit religiösen Gefühlen erfüllen. Sollten wir die Tiere je ganz aus dem Blick verlieren, würden wir das mit unserem Menschsein bezahlen; wir wären Verlorene im Weltall. Unsere stummen Freunde sind die letzten, die in gottlosen Zeiten über uns Auskunft geben können.

Fremdkörper und Körperresonanzen

Wenn der Körper fremdelt, wird er belauscht. Die Aufmerksamkeit fixiert sich auf gewisse Partien des Körpers, die zu schmerzen beginnen, der Verdacht fällt auf die Organe. Ist aber derjenige, der mit der ständigen Belauschung seines Körpers beschäftigt ist, wirklich krank oder nicht doch ein übler Simulant? Gerade der Schmerz, das Eigenste und Deutlichste des Körpers, wird in einem solchen Fall verdächtigt, bloße Einbildung zu sein.

In den Jahren des Übergangs vom Jugendalter zum Erwachsensein war ich oft kränkelnd, und oft war das Verhältnis zwischen mir und meinem Stiefvater das eines Patienten zu seinem Arzt. Ich wuchs im Gestöber von Krankheitsbegriffen auf; die Bresten der Leute aus dem Dorf kamen am Mittagstisch und am Feierabend zur Sprache. Mein Stiefvater war so sehr Arzt, dass er uns Kindern die Anatomie der Gelenke an Pouletschenkeln erklärte und sich den Appetit auch bei der Beschreibung zerfallender Körperteile nicht verdarb.

Bekannt wurde mir der Fall eines Studenten aus dem 18. Jahrhundert, der bei dem berühmten Mediziner Herman Boerhaave Vorlesungen besuchte. Sooft er ihnen beiwohnte, bildete er sich ein, selber die Krankheit zu haben, die dieser gerade verhandelte. Solcherart war er der lebende Kommentar von Boerhaaves Krankheitslehre, musste aber, nachdem er die Hälfte des medizinischen Kurses absolviert hatte, das Studium aufgeben, da er im äußersten Grad elend und abgezehrt war. Die Macht der Zeichen – in diesem Fall der gesprochene Text von Boerhaave – nahm vom Körper des Studenten Besitz. Während der Geist, das Bewusstsein des Studenten, alles Nötige über die Krankheiten aufnehmen wollte, um präventiv seinen und andere Körper davor zu bewahren, passierte hier das Umgekehrte: Der Leib unterlief den Geist und wollte selber der Text des Professors sein. Der heilende Text machte den Körper krank statt gesund.

Auch Thomas Mann war ein glühender Hypochonder. Am Dienstag, den 16. Februar 1954, notierte er Folgendes in sein Tagebuch: »Der Papst Pius war sehr krank, schwere Gastritis, Erschöpfung, Tage lang künstliche Ernährung, ernste Bulletins im »Corriere«, den wir nachmittags bekommen. Ich schrieb einen Brief der Teilnahme, des Gedenkens und der Bitte um Übermittlung an den Archivar u. Privatsekretär Padre Roberto Leiber. In dem Augenblick wurde ich selbst von Fieberfrost ergriffen, 39.3, Zittern und Zucken, Husten und Elend.«

Der Macht der Zeichen steht die Ohnmacht des Somatischen gegenüber. Geist, Vernunft, Ratio – die abendländische Kultur hat arbeitsteilig verschiedene Begriffe eingeführt, um das zu bezeichnen, was den bewusstlosen Körper lenkt. Aber was mit Begriffen beherrscht werden soll, entzieht sich immer wieder dem Begreifen, läuft aus dem Ruder und wird fremd. Der Versuch, mit Denken das somatische Andere zu unterwerfen, führt in die Rebellion oder in die Abspaltung.

Hypochondrie ist eine Krankheit, die paradoxerweise durch einen heilsamen Text ausgelöst werden kann. Aber welche Schmerzensäußerungen, welche Symptome zählen zur Hypochondrie? Muss man die Krankheiten, unter denen ein Hypochonder leidet, wie Blumen nach äußerlichen Merkmalen ordnen, um zu einem einheitlichen Ganzen zu kommen? Oder bildet die Hypochondrie nicht das vollkommene Wörterbuch aller möglichen Krankheiten?

Laut der Medizinhistorikerin Esther Fischer-Homberger hat die Hypochondrie eine lange Geschichte. Sie setzt bei Aretäus von Kappadokien als Krankheit ein, die aus den Hypochondrien kommt. In der Antike betrachtet man diese Hypochondrien auch als Entstehungsort einer anderen Krankheit, nämlich der Melancholie, einer verwandten Begleiterscheinung der Hypochondrie. Steigt die Galle hoch, entwickeln sich Blähungen und ein übles, nach Fischen stinkendes Aufstoßen tritt ein. Dazu gesellt sich »Muthlosigkeit, Angst vor dem Vergiftetwerden, Flucht in die Einsamkeit oder in den Aberglauben«. Noch beim bekanntesten Melancholieforscher, Robert Burton, ist die Hypochondrie eine Unterart der schwarzgalligen Melancholie.

Spekulativer wurde diese Symptomatologie im 17. Jahrhundert, als die Existenz einer schwarzen Galle nicht mehr als gesichert galt. Vom Somatischen wanderten die Ursachen der Hypochondrie immer mehr zu den nervlichen Störungen, so bei Thomas Willis, für den sie zu einer Krampfkrankheit wurde. Derart modernisiert erscheint die Hypochondrie im nervenverrückten 18. Jahrhundert: Sie wird nicht nur selbstständig, indem sie sich aus der undeutlichen Umarmung mit der Melancholie löst, sie wird geradezu eine Modekrankheit.

Da die Hypochondrie im Zeitalter der Aufklärung als noble Zivilisationskrankheit galt, gelang es den Engländern vor allen anderen, sie an sich zu reißen. Sie wird nachgerade zur »English malady«, auch »Morbus anglicus« genannt, und bestätigt auch den über Trends wie immer gut informierten Schweizer Jean-Jacques Rousseau in seiner festen Überzeugung, einen »Polypen im Herzen« zu haben. Grund genug für den Philosophen etlicher Herzensschriften, seine Geliebte Madame de Warens im Stich zu lassen und in Begleitung eines imaginären Reisegefährten, der natürlich Engländer ist, aufzubrechen. Gleichzeitig weiß Rousseau auch, wo die Wurzel allen, nicht nur seines Übels liegt: Die Hypochondrie ist eine Strafe für die Abwendung vom einfachen, natürlichen Leben. Vom »Missbrauch des Zucker und Backwerks, des Thee-, Cafee-, Schoccolade- und Brantweingetränkes«, schreibt der Bündner Arzt Johann Ulrich von Bilguer 1767. Auch modischen und zu engen Kleidern soll sich das Entstehen der Hypochondrie verdanken. Weitsichtig schreibt Johann Karl Wezel in seinem *Sieg über die Hypochondrie*: Personen, »die zu einem Studium gezwungen werden, wozu sie keine Anlagen… haben«, neigten zur Hypochondrie.« Diejenigen aber, die hypochondrisch sind, dürfen mit ihrer außerordentlichen Intelligenz renommieren, denn die Krankheit tritt sozusagen nur bei Leuten mit scharfem Verstand, rascher Auffassungsgabe und reger Vorstellungskraft auf. Letzteres deutet auf eine spezielle Disponiertheit von Intellektuellen und Schriftstellern hin. Denn auch die Einsamkeit ist für den schwärmerischen Dichter vonnöten, weswegen der Badener Arzt Johann Georg Zimmermann, der auch Schriftsteller war, schreibt: »Gefoltert unter einem immerwährenden Drucke, voll schmerzhafter und ängstlicher Empfindungen, kann ein Hypochondrist wahrlich nicht frölich seyn mit den Frölichen […]. Solches Leiden erreget […] den Trieb, alleine zu seyn, und sich vor den Menschen zu verbergen. […] ›Hier quälet mich niemand aus Höflichkeit, hier foltert mich kein Schwätzer, hier ärgert mich kein Bösewicht‹, kann sich der Hypochonder sagen.«

Im Jahrhundert des Spleens, der »Thränen« und des scharfen Verstandes kann so vieles Hypochondrie sein, dass Fischer-Homberger von einer »Verwahrlosungstendenz« des Begriffs spricht. Die Hypochondrie, urteilt Bilguer verärgert, ist ein »vollkommenes Wörterbuch aller möglichen Krankheiten«. Gegen Ende des 18. Jahrhunderts ist die Entschärfung des Begriffs so weit fortgeschritten, dass Manie, Melancholie und Hypochondrie kaum mehr als spezifische Krankheiten unterschieden werden können. Man kommt überein, nur noch eine Krankheit, eine einzige nosologische Einheit anzuerkennen: den Wahnsinn. Oder das, was auch bei Hölderlin, als er im Tübinger Turm lebte, diagnostiziert wurde: das Irresein.

Über die Spinalirritation und den Nervosismus löst sich die Hypochondrie langsam von ihren somatischen Ursachen ab und wird zu einem Nervenleiden, bis sie in der neu entdeckten Neurasthenie Unterschlupf findet. Schließlich geht sie im 19. Jahrhundert eine Allianz mit der Modekrankheit Hysterie ein, die allerdings durch ihr häufiges Auftreten selber einer Verwahrlosungstendenz anheimfällt. Ernest-Charles Lasègue stellt fest, dass Hypochondrie und Nosophobie, Angst vor der Krankheit, synonym geworden sind und dass die Hysterie den Papierkorb darstellt, in den die Mediziner all diejenigen Symptome werfen, die sie nicht anders einordnen können. Ende des Jahrhunderts kommt Sigmund

Freud über die Hysterieforschungen Jean-Marie Charcots und Hippolyte Bernheims zu einer bis heute geläufigen Definition von Hypochondrie: »Der Hypochondrische zieht Interesse wie Libido [...] von den Objekten der Außenwelt zurück und konzentriert beides auf das ihn beschäftigende Organ. [...] Das uns bekannte Vorbild des schmerzhaft empfindlichen, irgendwie veränderten und doch nicht im gewöhnlichen Sinne kranken Organs ist das Genitale in seinen Erregungszuständen. Es wird dann blutdurchströmt, geschwellt, durchfeuchtet und der Sitz mannigfaltiger Sensationen.«

Laut Freud ist die Erogenität eine allgemeine Eigenschaft aller Organe, die somit prinzipiell an die Stelle des Genitale treten können. Der Hypochonder ist ein Selbstverliebter, dessen Libido in seinem Körper – im kranken Organ – gestaut wird. In der Ablösung von den Eltern macht der Hypochonder seinen Körper krank, um ihn sich gesundpflegen zu lassen.

Hypochondrie als Nosophobie ist für den Betroffenen eine aufwändige Strategie zur Verhinderung des Krankseins. Die zur totalen Risikovermeidung gesteigerte Wahrnehmung zieht ihre Aufmerksamkeit von der Außenwelt ab und konzentriert sich ganz auf den eigenen Leib. Der Patient erfindet sich einen Leib, der durch Störungs- und Schmerzsensationen auf sich aufmerksam macht. Empfindungen werden dabei zu Symptomen. So ordnet und organisiert der Hypochonder seine gesamte Umwelt nach seinen Strategien. Gegenstände werden ihrer Eigenschaften enthoben und allein danach beurteilt, ob sie der Gesundheit förderlich sind oder nicht. Der Hypochonder hat keine Wahl: Was immer er kauft, isst, trinkt, tut oder nicht tut, es bemisst sich nach seiner Gesundheitsrelevanz. Wenn man sich veranschaulicht, dass schon die Gesundheitsrelevanz eines Getränks nie ganz feststellbar ist, geschweige denn die von Hosen, Pullovern, Möbeln, Fensteraussichten, Sitzgelegenheiten et cetera, dann sieht man, welchen Abgründen entlang der Hypochonder tanzt. Er muss vollbringen, was uns heute schon längst nicht mehr gelingt: jedes Ding und jede Situation hinsichtlich ihres Gesundheitsrisikos zu reflektieren und zu beurteilen.

Im Mai 1904, in der frühlingshaften Villa Strohl-Fern in Rom sitzend, schreibt ein Hypochonder Folgendes an seine Freundin: »[...] wie im vorigen Frühjahr eine seltsame Art von Ungesundheit, Hinfälligkeit und Lebenstrübung mich ergriffen hatte, so wurde mir auch jetzt wieder alles schwer und bange. [...] Jene merkwürdigen Unstätheiten im Gange meines Blutes [...] traten wieder auf und verursachten mir Tage und Nächte, die unter den heftigsten Kopfschmerzen, Zahnschmerzen qualvoll langsam und nutzlos vergingen [...]. In solchen Zeiten verlangt es mich so sehr nach einem wirklichen Arzt, dem ich einmal alle meine Nöte sagen könnte; ein solcher müsste, denke ich, die Geduld haben zuzuhören.«

In welcher Verlassenheit ist ein Leib, der nicht besprochen wird? In welcher Einsamkeit ein Körper ohne Worte? Um gesund zu sein, muss er ja horchen, gehorchen können. Horchen auf die Worte, die ihn zuerst einmal, am Anfang des Lebens, geformt haben: auf die Mutterworte. Aus denen im Laufe des Lebens auch Vaterworte, Freundesworte, Arztworte werden können. Der Leib des einen ist ein Ohr, das sich ständig dem Mund des anderen zuneigt. Worte wollen zu Körpern werden. Körperlose Worte sind nichts, nicht mehr als Schall und Rauch. Worte brauchen einen Resonanzkörper, Dichterworte das Leserohr, Arztworte den Patientenkörper. Diese Ursymbiose zwischen Wort und Körper, zwischen Sprechen, Flüstern, Singen und Besprochen-, Beflüstert- und Besungenwerden ist vielleicht der Ausgangspunkt aller Dichtung und Poesie.

Der Hypochonder, der sich nach einem Arzt sehnt, ist Rainer Maria Rilke. Er wird den Arzt nicht finden, wohl aber den Mund einer Freundin, ihre Worte, die so gut sind wie das gesprochene Therapeutenwort. Lou Andreas-Salomé, einstige Geliebte von Friedrich Nietzsche, dann Schülerin von Sigmund Freud, unternimmt die Fernanalyse des Patienten Rilke mit professionellem Sachverstand. Rilke, in Muzot lebend, macht 1925 eine »unerhörte« Krise durch: »Ich bin wie eine leere Stelle, ich bin nicht, ich bin nicht einmal identisch mit meiner Noth. [...] Da mir das Sprechen wegen meiner Mundverhältnisse (die Störungen und die gewisse Phobie sind immer die gleichen) mühsam ist, kann ich nicht einmal laut Lesen, was mir sonst immer am Meisten zu mir hilft. Wie ich mit der Welt durch Aug und Geruch verkehre, so ist mein Selbstumgang zu einem grossen Theil aufs Mich-Hören gestellt.«

Mit prophetischer Präzision ahnt Rilke, warum ihm sein Körper nicht mehr ge-horcht. Jetzt, wo niemand ihn mehr besprechen kann, nicht einmal sein Dr. Haemmerli aus Valmont ist da, ruft er nach Lou. Sie schreibt ihm zurück: »Weißt du, lieber Rainer, was für ein Gefühl ich soeben beim Schreiben spüre? Wie bei einer Flasche, die, endlich stöpselfrei, alles herausstürzen müßte, sodass es in ihrem Hals gurgelt und blos Tropfen kommen.« D.h.

sie wird, aus was für einer Stummheit auch immer, endlich zum Be-sprechen erlöst, was ja ebenso eine heilende Wirkung hat. Lou Andreas-Salomé fasst zusammen, was bereits Freud über die Genese der Hypochondrie schrieb: »[...] solche Hypochondrie ist auch als eine Art auf sich selbst zurückbezogene Verliebtheit bezüglich des betreffenden Organs aufzufassen, nur dass sie sich keineswegs so anfühlt, sondern als Unlust, Qual, fast Hass gegen den Leib [...].« Allerdings spürt auch sie die geheime Allianz, die die Krankheit mit dem Kreativen eingegangen ist. Sie schreibt von der Gnade: »[...] der schöpferischen Abfuhr ins Werk, die eben drum dem Leiblichen so verflochten ist, denn von dort aus feuert auch sie erotisch an zum Leibhaften im Werksinn [...]. Den Umkipp in das Arge, Verlassene, dem eigenen Leib Preisgegebene, erlebst Du nicht blos als Reaktion nach angespanntem Schaffen, es ist eher etwas schon dem Zugehöriges, die Kehrseite der Sache selbst [...].«

Nicht nur in der Medizin, sondern auch in der Literatur kommt es zu einer Allianz zwischen Wort und Körper, zwischen kränkelnden Autoren und der Literatur als Gesundheitsunternehmen. »Krankheit ist wohl der letzte Grund / Des ganzen Schöpferdrangs gewesen; / Erschaffend konnte ich genesen, / Erschaffend wurde ich gesund«, schreibt Heinrich Heine. »Erotisch zum Leibhaften im Werksinn anfeuernd«, heißt es bei Lou Andreas-Salomé – in beiden Fällen ist die Krankheit eine notwendige Bedingung der Produktivität.

Für Thomas Mann gehörten die Anfälligkeiten wie selbstverständlich zum Berufsstand der Nervösen und

Sensiblen. Dass sein Körper fremdelte, hatte vielleicht mit seiner Herkunft zu tun. Während seine väterlichen Vorfahren aus Lübeck stammten, führte die mütterliche Linie zurück nach Brasilien. Thomas Mann hat diese multikulturelle Geografie in seinen Körper aufgenommen und in seinen Texten, deren Novellen zu meinen frühesten Leseerlebnissen gehören, eine eigenartige Parallelgeografie entworfen. Eine Landkarte, die mit der meinen Einiges gemeinsam hatte.

Thomas Manns Mutter stammte aus dem fernen Paraty in Brasilien. Es war vielleicht sie, die Halbbrasilianerin Julia da Silva-Bruhns, die den Keim der Weltläufigkeit in seine Existenz legte und die ihn zu einem der ersten modernen Weltbürger deutscher Zunge machte.

Während sich bei Mann die Gegensätze zwischen seinem Vater aus dem »nördlichen« Lübeck und der brasilianischen Mutter auftaten, wuchs ich, mit umgekehrten Vorzeichen, im selben Spannungsfeld zwischen einer Schweizerischen Mutter und einem Vater aus Trinidad auf.

Die frühe Novelle *Tristan* buchstabiert diesen Zwiespalt in vielfacher Weise aus. Der Protagonist, der knapp über dreißigjährige Spinell, wird von den Sanatoriumsinsassen auch »der verweste Säugling« genannt. Als Typ ist Spinell brünett mit braunen Augen und dunklem Teint. Ähnlich wie Tonio Kröger weist auch er die Mannsche Kennzeichnung des Artisten auf, dessen Stammbaum eine südliche Mutter verzeichnet. Spinell ist angetan von der Empire-Einrichtung des »Einfried«, die sein nervöses Dichtertum stützt und abfedert: »Diese Helligkeit und diese Härte«, verrät er Frau Klöterjahn, »diese kalte und herbe Einfachheit und reservierte Strenge verleiht mir

Haltung und Würde, gnädige Frau, sie hat auf die Dauer eine innere Reinigung und Restaurierung zur Folge, sie hebt mich sittlich [...].« Das südliche Innere, Beförderer der Kreativität, bedroht das Selbst durch Haltlosigkeit, Krankheit, Décadence. Dagegen wird das nördliche Element der Vaterseite aufgeboten. Nicht nur die Einrichtung des »Einfried«, sondern auch Gabriele Klöterjahns Gatte tritt als Gegenpol zum Südlichen auf. Herr Klöterjahn ist blond und blauäugig, nüchtern, und steht mit beiden Beinen im Leben. Es dauert nicht lange, und er rechnet mit Spinell und dessen weltfremdem und ästhetizistischem Dichtertum ab. »Die Welt ist voll von dem, was ich den ›unbewussten Typus‹ nenne, und ich ertrage sie nicht, alle diese unbewussten Typen! Ich ertrage es nicht, all dies dumpfe, unwissende und erkenntnislose Leben und Handeln, diese Welt von aufreizender Naivität um mich her!«

Tonio Krögers Vater entstammt einem alten hanseatischen Kaufmannsgeschlecht, welches sich in einem Zustand der Auflösung befindet. Das große Krögersche Haus steht zum Verkauf, die Firma wird gelöscht. Tief ist das Gefühl des Untergangs der alten Welt in den Erzählungen des Autors eingelagert. Noch der Protagonist von Manns letztem fragmentarisch gebliebenen Roman *Felix Krull* muss sich vor dem Ruin der väterlichen Firma retten und flüchtet sich ins Abenteuerleben. Dabei droht und lockt das Südliche durch seine Vitalität, während die väterliche Seite alles Lebendige durch Strenge, Disziplin und Ratio kontrolliert. Hätte ich, denselben Koordinaten folgend, meine Abstammung so vermessen, so hätte ich sie mit der strengen nördlichen Mutter und einem Lebensverschwender und Verweser als Vater umgekehrt setzen müssen. In der Mannschen Geophysik ist der Körper selbst das südliche Element und fällt, was unzählbare Auslassungen in seinen Tagebüchern bezeugen, durch seine unerschöpflichen hypochondrischen Aus- und Einfälle bis ins hohe Alter auf. Die Aufteilung in eine rationale Vater- und eine blühend-sinnliche Mutterseite hat nicht geholfen, die innere Entfremdung zu überwinden; vielleicht hat es sie sogar vertieft.

»Meine Mutter«, schreibt Mann, »stammte aus Rio de Janeiro, hatte aber einen deutschen Vater, so dass nur zum vierten Teil unser Blut mit lateinamerikanischem gemischt ist. Uns Kindern erzählte sie von der paradiesischen Schönheit der Bucht von Rio, von Giftschlangen, die sich auf der Pflanzung ihres Vaters zeigten und von Negersklaven mit Stöcken erschlagen wurden. Mit sieben Jahren fand sie sich nach Lübeck verpflanzt – den ersten Schnee, den sie sah, hielt sie für Zucker.«

Auffallend ist hier das »nur«, mit dem Thomas Mann den Anteil brasilianischen Blutes abqualifiziert, den er in der Folge kaum mehr zu würdigen wusste. Von weniger Verdrängung getrieben, schreibt der Enkel Viktor Mann über die Geburt von Julia da Silva-Bruhns, die spätere Julia Mann: »Als das Ehepaar von einer seiner Besitzungen zur anderen […] durch den Tropenwald reiste – die Herrin im Tragstuhl, der Herr zu Pferde, Sklaven voran und im Nachtrab –, gab es einen plötzlichen Halt. Die Herrin musste schnell unter die Bäume gebettet werden. Schwarze Frauen stürzten herzu, und bald darauf hielten sie dem Herrn ein Töchterchen entgegen, indes droben Papageien kreischten, neugierige Affen lugten und winzige Kolibris wie bunte Strahlen durch den Schatten zuckten.«

Nach dem Tod ihrer Mutter Maria da Silva wird die Tochter Julia 1885 ins kühle Lübeck verpflanzt. Dort lebt sie mit ihrem Vater und den Geschwistern und wird, in der Entourage ihres schwarzen Kindermädchens Anna, schnell zur auffälligen Exotin. Julia Mann ist hübsch, vergnügungssüchtig und genießt das Leben sorglos wie ein Schmetterling. Nach dem Tod ihres Mannes wird sie von der Stadt Lübeck entmündigt und setzt sich nach München ab. Ihre beiden Söhne Thomas und Heinrich aber können das Gefühl der Entwurzelung nicht verdrängen. Der Flügelschlag des tropischen Schmetterlings bewegt die Familie noch im kalten und fernen Norden. Während Heinrich sich in seinem Roman *Zwischen den Rassen* mit der Heimatlosigkeit der Mutter auseinandersetzt, bleibt Thomas ablehnend: »Rio de Janeiro, meiner Mutter Heimat, ist offenbar fabelhaft, aber ich muss es nicht gesehen haben.«

Mit einer Nelke im Knopfloch schlägt sich der Lübecker Nobelpreisträger verbissen auf die Seite der kühlen Vernunft und des Bürgertums. Er entscheidet sich für ein geordnetes, zurückhaltendes Leben und damit gegen seine homosexuellen Neigungen. Beides, Homosexualität und amorpher Süden, drängt in seinen Büchern zum Wort. Mit Tonios Verliebtheit in den blonden und blauäugigen Hans Hansen treibt der Autor seine Gespaltenheit bis in die Spitzen eines libidinösen Dilemmas. Tonio kann ohne die (homosexuelle) Liebe nicht leben, zugleich bedroht sie alles, was er nach außen darstellt. Sein Name, ein aus Süd und Nord zusammengesetzter Klang, ist Auszeichnung wie Stigma. Krögers melancholische Erkenntnis, zwischen zwei Welten und folglich nirgends zu Hause zu sein, hat Mann durch die Betonung seines Deutschtums zu befrieden versucht. Dass Kunst auf dem fruchtbaren Boden des »inneren Südens« nicht ohne den formalen Kälteschauer des Nordens möglich ist, dieser dauernde Ausgleich der Temperaturen gehört zu seinen fixen, faszinierenden Fiktionen.

Im Zwiegespräch mit der Künstlerin Lisaweta Iwanowna spricht sich Tonio anders aus: »Einen Künstler, einen wirklichen, nicht einen, dessen bürgerlicher Beruf die Kunst ist, sondern einen vorbestimmten und verdammten, ersehen Sie mit geringem Scharfblick aus der Menschenmasse. Das Gefühl der Separation und der Unzugehörigkeit, des Erkannt- und Beobachtetseins, etwas zugleich Königliches und Verlegenes ist in seinem Gesicht.« Tonio Kröger ist ein »Bürger auf Irrwegen«, eine erzählerische Versuchsfigur, die in Gustav von Aschenbach wieder aufgenommen wird. Dieser sucht »das Fremdartige und Bezuglose« des Südens, um seine Imagination neu zu beleben. Deswegen reist er von München nach Venedig und verfällt dem Eros der Kunst, dem Jüngling Tadzio. Auch er ist der Sohn eines höheren Justizbeamten, zählt Offiziere, Richter und Verwaltungsfunktionäre zu seinen Vorfahren, »[…] Männer, die im Dienste des Königs, des Staates ihr straffes, anständig karges Leben geführt hatten.« Aber: »[…] rascheres, sinnlicheres Blut war der Familie in der vorherigen Generation durch die Mutter des Dichters, Tochter eines böhmischen Kapellmeisters, zugekommen. Von ihr stammten die Merkmale fremder Rasse in seinem Äußern. Die Vermählung dienstlich nüchterner Gewissenhaftigkeit mit dunkleren, feurigeren Impulsen ließ einen Künstler und diesen besonderen Künstler erstehen.«

»Aus dem ölglatten Geist der zwei letzten Jahrzehnte des neunzehnten Jahrhunderts hatte sich plötzlich in ganz Europa ein beflügelndes Fieber erhoben«, schreibt Robert Musil. »Niemand wusste genau, was im Werden war, [...] eine neue Kunst, ein neuer Mensch, eine neue Moral oder vielleicht eine Umschichtung der Gesellschaft.« Thomas Manns Antwort auf die Umbrüche der Zeit lautete so: »Eine neue Klassizität, dünkt mich, muss kommen.« Er distanziert sich von expressionistischen Sprachexperimenten ebenso wie von neoromantischer Innerlichkeit. Zugleich hat er in der Figur des untergehenden Aschenbach auch den Widerspruch zum Klassizistischen, nämlich das Dionysische, mit angelegt. Damit bestraft er die Lockerungen des Inzestverbots: Was zur Mutter hinführt, ist dem Untergang geweiht. In *Tod in Venedig* dringt das Dionysische, eine Abspaltung der mütterlichen Bedrohung, bis in die tiefsten Poren Aschenbachs. Nackte archaische Frauen wälzen sich mit tierfellgewandeten männlichen Wesen in einer bergigen Landschaft, während »glatte Knaben mit umlaubten Stäben Böcke stachelten«[...] »Und seine Seele kostete Unzucht und Raserei des Untergangs.«

Nie wieder wird Thomas Mann die Bedrohung durch die archaisch-sexuellen Triebe so offen ausstellen, denn als Nobelpreisträger muss er sich mit der harmloseren Identität eines »Bürgers auf Irrwegen« begnügen. Prophetisch liest sich sein Bedrohungsszenario des ökonomisierten Nordens gegenüber einem amorphen Süden im Europa des Jahres 2014. Schon damals macht der europäische Norden dicht gegen die formlosen »Massen«, gegen die »Flut«, die aus dem Süden droht. Und schon damals droht es an dieser Abschottungsmentalität zu ersticken.

Die *Bekenntnisse des Hochstaplers Felix Krull* sind Thomas Manns letztes, Fragment gebliebenes Werk. Krulls Identität ist, da zum Bürger untauglich, ganz auf sein Weltbürgertum hin angelegt: »Es ist ein Verlangen aus sich heraus ins Ganze, eine Weltsehnsucht […].« Krulls Identität bildet sich in den Zwischenräumen der symbolischen Zuschreibungen, denen diese Figur mit überbordender Lust zur Maskerade und zur Hochstapelei letztlich immer wieder entwischt. Er ist Abenteurer wie Dieb, Unterschriftenfälscher, Simulant und Verführer, mittelloser Liftboy und begüterter Marquis de Venosta. Alles euphorische Formen des Ichs, die die Not einer instabilen Identität hinter sich lassen. Auch Krulls Beschreibung weist die für Mann typische Nordsüdkennzeichnung auf: sein blondes Haar und seine graublauen Augen werden von der goldigen Bräune seiner Haut kontrastiert, »so dass es gewissermaßen unbestimmt blieb, ob ich nun eigentlich blond oder brünett von Erscheinung sei«.

Krulls Verwandlungslust nimmt in der Kindheit ihren Anfang, im Atelier seines Künstleronkels Schimmelpreester. Dort wird mit aufwändigen Verkleidungen das spielerische Changieren der Identität eingeübt. Ausdrücklich wird darauf hingewiesen, dass Krulls Knabengesicht sich nicht nur den Ständen, sondern auch den «Himmelsstrichen» anzupassen scheine.

Als Kellner, aufgestiegen vom Liftboy, der das Oben und Unten der Gesellschaft kennengelernt hat, erscheinen dem wendigen Krull auch die Herrschaftsverhältnisse austauschbar. Wer Angestellter und wer Herr, wer Knecht und wer Diener sei, bestimme der Zufall, meint er in seinen tagträumerischen Gedanken. Vom grundsätzlichen Willen, ganz und gar selber zu bestimmen, wer er sei, ist es nur noch ein kleiner Schritt zur Verwandlung des Dieners zum Bedienten, vom Kellner zum Adligen. Das Ziel des hybriden Krull, seine »Weltreise«, nimmt in mehrdeutiger Ironie das Telos jeglichen Reisens auf, nämlich die Verwandlung. Euphorisch tritt Krull als Venosta seine Reise im Nachtzug nach Lissabon an und erfährt gleichzeitig, im Gegenüber des Weltreisenden Professor Kuckuck, eine Spiegelung seiner Lebensmöglichkeiten. Denn der Deutsche Kuckuck ist bereits ein Weltbürger, einer, der es in der Fremde zu etwas gebracht hat. Der unterschwellig manische Sog dieser Zug-Begegnung verweist indes nicht nur auf den Reichtum der Ichverdoppelung, sondern gleichermaßen auf deren Grund, den tiefen Mangel. Krull muss reisen, und sei's mit dem einzigen Ziel, von seiner geteilten, hybriden Existenz erlöst zu werden.

Spätestens hier, wo sich die Identität Krulls aus ihren sozialen, lokalen und mentalen Bindungen löst, wird er zu einem Nomaden, einem Wanderer zwischen den Welten. Im nächtlichen Gespräch mit dem Leiter des Naturhistorischen Museums in Lissabon beginnt – in einer eigentlichen *rite de passage* – die Entwurzelung Krulls. Da nicht nur ihm, sondern auch seinem Autor ein leicht hypertropher Gestus eigen ist, setzt das Gespräch mit Kuckuck gleich bei den Grundlagen der Menschheit ein. Kuckucks Schwadronieren über die Entstehung des Sonnensystems und die Beschaffenheit der Milchstraße enthebt Krull seiner nationalen und sozialen Zugehörigkeit und macht ihn, der den geologischen und biologischen Ausführungen lauscht, zu einem Erdenbewohner. Um zum Weltbürger zu werden

– welch wunderbarer Einfall Manns –, braucht es also diese delirante, surreale Nachtfahrt.

Tonio Krögers Zwiespalt wird in der Figur Felix Krulls Jahrzehnte später einer Lösung zugeführt. Krögers melancholische Erkenntnis, zwischen zwei Welten und folglich nirgends ganz zu stehen, wird von Krull in einen Tanz auf vielen Hochzeiten und zwischen vielen Welten überführt. Und sein Gebaren als Komödiant, Charmeur, Betrüger, Verführer und Hochstapler ist nicht nur eine Absage an die Bürgerlichkeit der Vaterseite, sondern auch an deren ausgeprägt heterosexuell orientierte (Doppel-)Moral, unter der schon die Mutter Julia Mann gelitten hat.

Der *Krull*-Roman blieb Fragment, weil seine Reise hinaus in die Welt immer mehr zu einer geheimen Rückfahrt wurde. Aber Rückfahrt wohin? Der zweite Teil der *Bekenntnisse*, den Thomas Mann erst mit 75 geschrieben hat, gibt dazu bemerkenswerte Hinweise. Marquis Louis de Venosta, in dessen Haut sich Felix Krull begibt, trägt den zweiten Vornamen von Thomas Manns Bruder Heinrich und seines Großvaters Bruhns: Luiz, doch nun französisch geschrieben. Im Namen von Krulls Doppelgänger also bewahrt der Autor die Muttererinnerung auf. Und Krull reist ausgerechnet nach Lissabon, in die ehemalige Haupt- und Mutterstadt des portugiesisch-brasilianischen Kolonialreichs. Lissabon ist der Hafen, von dem aus man am leichtesten nach Brasilien übersetzen kann.

In Lissabon verliebt er sich nicht nur in die entzückende Tochter Kuckucks, Zouzou, sondern auch gleich noch in deren Mutter Senhora Maria Pia Kuckuck da Cruz. In dem Augenblick, als der Verführer Krull die

Tochter küsst, sinkt ihm auch die Mutter entgegen. Das ist der Augenblick, in dem er mit sich selber identisch und also glücklich wird. Die fremde Welt, die er mit Heftigkeit gesucht hat, wendet sich ihm zu und umarmt ihn. Die Welt? Zuerst sind es doch nur die mütterlichen Arme der Senhora Kuckuck da Cruz. Deren Name allerdings intoniert mit vokalischer Evidenz den Mädchennamen der Mutter Thomas Manns: Senhora Julia da Silva-Bruhns.

Der Roman hat kein wirkliches Ende, weil für die Überfahrt von Lissabon nach Brasilien, die sein Verfasser ein Leben lang verweigert hat, zuletzt keine Zeit – und keine Notwendigkeit? – mehr da ist. Wie auch immer sich der Gang zu den Müttern, zu den Wurzeln des Schreibens, zur Kreativität und dem Leiden ausgenommen hätte, im Zentrum der Mannschen Intention steht die Selbstfindung Krulls als Weltbürger. Anders als Tonio Krögers Weltverlorenheit führt Krulls Mangel zu einer weltoffenen Identität, die die stete Verwandlung als Chance sieht. Damit gibt Thomas Mann das Modell für ein welthaltiges Erzählen, das die Lebensbedingungen im Zeitalter globaler Identitätsveränderungen spiegelt.

Mein Großvater väterlicherseits, Budri, muss eine imposante Figur gewesen sein. Über einen Meter neunzig groß, breitschultrig und mit dichtem schwarzgrauem Haar, war er einer der ersten Distriktrichter indischer Provenienz unter der englischen Kolonialherrschaft. Seine Heirat mit meiner Großmutter Olive Sinanan, einer aus einer betuchten Politikerfamilie stammenden, blasshäutigen Schönheit, befestigte seinen Machtstatus als Familienprimus. Gegenüber seinem Sohn wie seiner Frau hielt er mit seinem bis an die Grenze der Brutalität reichenden Eigensinn und Machtstreben kaum zurück. Nachdem er sich von meiner Großmutter getrennt hatte, heiratete er die Schönheitskönigin von Trinidad. Das Tuch, in das er sich kleidete und in dem man ihn auf Fotos sieht, ließ er sich aus London kommen. Er war, so erzählt man, ein Mann eiserner Grundsätze. Man rühmt seine Manieren, bewunderte seinen Stil in allen Dingen, fürchtete seinen Durchsetzungswillen. Er soll sich jeden Morgen um fünf Uhr aus dem Bett begeben haben, um sich in der tropischen Frühe eine Stunde lang seinen Leibesvisitationen hinzugeben. Seine Körperübungen müssen, wie man versichert, sehr hart, aber gänzlich unkonform, um nicht zu sagen: bizarr ausgesehen haben. Wahrscheinlich hat er sie selber für sich erfunden; sie trugen dazu bei, dass man ihm das Prädikat »fussy« gab.

Budri arbeitete zeitlebens ebenso an seinem Charakter wie an seiner Erscheinung. Stilbewusstsein war das Mittel, mit dem er sich von seinen indischen Landsleuten wie von den britischen Zuschreibungen abhob. Als Emporkömmling und erst recht als Arrivé modellierte er seine Erscheinung nach allen Regeln stilsicherer Kunst.

»Seinem Charakter ›Stil geben‹ – eine große und seltene Kunst«, überschrieb Nietzsche 1882 in *Die fröhliche Wissenschaft* einen Aphorismus über Stil, der den langen Weg in Erinnerung ruft, den das abendländische Selbst in den letzten hundertfünfzig Jahren zurückgelegt hat. Für Nietzsche und wohl auch für meinen Großvater muss der Mensch, um mit sich eine Zufriedenheit zu erreichen, seine Natur, was an Kräften und Schwächen vorhanden ist, einem künstlerischen Plan einfügen. Diese Kunst ist heute am Verschwinden, zumal der Begriff des Charakters, unter dem man lange jene persönlichen Eigenschaften verstand, die die Voraussetzung für moralisches Handeln bilden, außer Mode geraten ist. An wirkliche »Charaktere«, im Dorf sagten wir auch »Originale«, erinnere ich mich neben meinem Großvater vor allem an Menschen in meiner Kindheit in den fünfziger und sechziger Jahren. An den Großindustriellen in dunklem Anzug und Gilet, mit dessen Enkeln ich sonntags im lichtlosen Salon seiner endlos verwinkelten Villa spielte, dessen Umgangston innerhalb seiner Familie sich routiniert von dem unterschied, den er seiner Dienerschaft und seinen Angestellten gegenüber anschlug, auch wenn er sich letztlich allen gegenüber pointiert und apodiktisch äußerte. Ebenso entsinne ich mich eines Onkels, dessen charakterliche Stilbildung das Eigensinnige so herausgetrieben hatte, dass man ihn, von heute aus gesehen, nicht anders als kauzig nennen kann. Eine der ersten Autofahrerinnen meiner Kinderzeit pflegte bei Ausfahrten die Farbe ihrer Kleider mit der ihres Autos abzustimmen. Äußerliches Zeichen für die konsequente Haltung, mit der sie sich über die Vorurteile gegen ihr Geschlecht hinwegsetzte. Auch Iris von Roten, Feministin avant la lettre, offenbarte in ihrer Kleiderauswahl und ihren Umgangsformen einen Willen zur Stilisierung, der auf ihr ungewöhnliches Denken und ihre Singularität verwies.

Heute ist Stil ein veräußertes Attribut der Kleiderordnung geworden, die ohne eigentliche Arbeit am Charakter auskommt. Interessant ist, dass Jugendliche sich vermehrt selber »stilisieren«, um sich in der Masse kenntlicher zu machen. Lifestyle und Moden haben in den letzten zwei Jahrzehnten bei Jugendgruppen zugenommen, man erkennt sich am Outfit und an Accessoires. Der Verdacht besteht, dass man sich äußerlich abhebt, ohne innerlich seine tiefe Konformität aufzukündigen.

Für Nietzsche war Stil Anstrengung und Arbeit am Selbst, ein Austarieren der ersten gegenüber der zweiten Natur, Glättung und Zähmung innerer Widersprüchlichkeiten, letztlich ästhetische Arbeit an der Persönlichkeit. Schon damals, aber heute erst recht, wäre Stil als Maßnahme zu verstehen, das Fremde in sich unter einen Hut zu bringen. Der Stilvolle bezieht seine Überzeugungskraft dadurch, dass er signalisiert, ich bin Herr im eigenen Hause – und ich kann mit den Zuschreibungen umgehen. Stil ist Bündelung, gedankliche Durchdringung und planvolle Ausrichtung des Selbst. Dabei stellt sich eine Geräumigkeit des Inneren ein, die sich erst im Laufe der bürgerlichen Kultur herausgebildet hat. Über hundert Jahre war Innerlichkeit der Stauraum der Wünsche, an deren Verwirklichung nicht zu denken war. Rilkes »Weltinnenraum« schmilzt aber seit einigen Jahrzehnten durch den Umbau unseres Selbst immer mehr dahin. Zeichen dafür: Öffentliches Verhalten äußert sich heute öfter in Stillosigkeit, Aufschneiderei, Hemmungslosigkeit und Beleidigung. Man entgleitet sich, bis man dem anderen und sich selber fremd geworden ist. Dazu trägt jene Technik nicht wenig bei, die sich die letzten Jahre am stärksten in unsere Selbstdefinition eingemischt hat: das Internet. Das www wirkt als Schleusenöffner. Wo die »Gatekeeper« des Anstands und des guten Geschmacks fehlen, kommt es zur permanenten Vermischung von privater und öffentlicher Sphäre, wobei sich meistens kein zufrieden in sich ruhendes, sondern ein aufgeregtes Spontan-Ich zu Wort meldet. Die Veräußerlichung von Affekten, zu der die neuen Kommunikationsmedien einladen, verhindert, dass die »innere Natur« bearbeitet, dass sie überhaupt noch reflektiert wird. In den ungebremsten Hassausbrüchen in Blogs und Internetforen findet ein »Unselbst« seine Bühne, das die Möglichkeit zur Contenance verloren hat. Der Umbau des Massen-Selbst geht einher mit einer Auslagerung des Gedächtnisses. Ein Foto mit der Maus ins iPhoto zu klicken ist nicht dasselbe, wie wenn ich sie mit Daumen, Zeigefinger und Leim ins Album klebe. Das Medium inflationiert meine Erinnerungsträger, seien es Fotos oder Musik, indem es mit dem Anschein ihrer endlosen Vermehrung wachsenden Reichtum vortäuscht. Es verlagert Innerlichkeit aus dem Körper heraus. Die Folgen davon sind nicht abzuschätzen. Möglicherweise wird es die Neuromedizin bald an den Tag bringen, wie viel unsere Haut und der haptische Sinn zur Ausbildung und Stabilisierung unseres Selbst beiträgt und dass Er-Innerung eine Funktion des Berührens und Berührtwerdens ist.

Die Medienkritik beschreibt, wie das Selbst Strukturen der Technik verinnerlicht. Das Beispiel der Speicher, die als Festplatten unser Gedächtnis entlasten, zeigt, dass durch dieses Outsourcing unsere Erinnerungen nicht genauer werden, sondern sich weiter von uns entfernen. Das multifunktionale Handy, das viele Kommunikationsformen bündelt, ist ein Veräußerlichungsgerät par excellence. Es zieht die Grenzen des eigenen Aktionsradius neu; bei Jugendlichen hat es oft den Status eines zweiten Selbst. Nicht nur strukturiert es die Außenkontakte, es übernimmt auch die psychohygienischen Funktionen des Stils, nämlich zu bestimmen, wer ich für mich und für andere bin (und sein will). Über die sozialen Medien konstruiert es unsere Biografie neu. Zwar bietet das Netz Masken, mit denen sich verschiedene Identitäten durchspielen lassen, diese neue Freiheit des Selbstentwurfs droht jedoch durch die Entleerung des Ichs wieder eingezogen zu werden; Entleerung, die paradoxerweise da eintritt, wo Einbildungen nicht aufgehalten und der Reflexion unterzogen werden. Da die Innenräume fehlen, wächst bei vielen Jungen die Einsamkeit und droht der Verlust von Autonomie. Das Erleben bleibt oft bis zur Fremdheit veräußerlicht.

Folgt man Norbert Elias, geht der Umbau des Ichs nach Jahrhunderten der Internalisierung nun den Weg der Externalisierung. Diesen Aus-Weg als Niedergang zu beschreiben, wäre schlechter Kulturpessimismus. Möglicherweise aber befinden wir uns im gegenwärtigen Prozess der Zivilisation in einer Art Schubumkehr: Verbote, Zwänge und Affekte werden nicht weiter »internalisiert«, sondern mit Geräten kontrolliert.

Die Externalisierung von Ichfunktionen verändert auch die Fähigkeit, dem Anderen in sich Raum zu geben. Die Begegnung mit dem Fremden wird immer mehr zum Feindkontakt. Vielleicht sind die drei von Freud unterschiedenen psychischen Instanzen des Ich, Es und Überich nicht mehr als der Reflex auf eine bürgerliche Ordnung, die heute im Begriff ist sich aufzulösen. Der Umbau des Ichs ist in vollem Gange, und er unterscheidet nicht mehr zwischen den bisherigen Freunden und Feinden, sondern zieht die Grenzen der inneren und der äußeren Fremdheit neu. In seiner vom Wahnsinn nicht freien späten Schrift *Ecce Homo* nahm Nietzsche die Aufspaltung des Selbst vorweg: »In Anbetracht, dass die Vielheit innerer Zustände bei mir außerordentlich ist, giebt es bei mir viele Möglichkeiten des Stils – die vielfachste Kunst des Stils überhaupt, über die je ein Mensch verfügt hat.«

Der Schwindel der Fremdheit

Als Fünfundzwanzigjähriger fuhr ich zum ersten Mal die Strecke Basel–München. Eine Schuhschachtel voller Manuskriptblätter meines ersten Buches im Gepäck, war ich unterwegs zum Verlag. Mir gegenüber flirtete ein Deutscher mittleren Alters mit zwei Frauen, bis sie in Memmingen ausstiegen. Dann wandte er sich mir zu und fragte mich nach dem Grund meiner Reise. Kaum hatte ich zu reden begonnen, rief er entzückt, wo ich denn so gut Deutsch gelernt hätte. Als ich ihm erzählte, dass ich unterwegs zum Verlag sei, schüttelte er ungläubig den Kopf.

Die Sprache, schreibt der deutsche Kultursoziologe Mark Terkessidis, sei ein bevorzugtes Element zur symbolischen Grenzbefestigung. Damit hatte ich nicht gerechnet, dass man mich, auf dem Weg, ein deutschsprachiger Schriftsteller zu werden, als Erstes aus der deutschen Sprache ausgrenzen würde. Die Beherrschung der deutschen Sprache wurde bei mir nicht vorausgesetzt. Mein Gegenüber machte sich zum Richter über meine Sprachkompetenz. Es war, wie Terkessidis schreibt, ein Augenblick der »Entgleichung«, wie ich ihn immer wieder erlebt habe.

Über zehn Jahre nach dieser Fahrt von Zürich bis München, die Strecke, die auch der von mir verehrte Elias Canetti gefahren sein musste, brach sich in Hoyerswerda der deutsche Fremdenhass Bahn, und ich erlebte einen Rassismus mit weitaus brutaleren Folgen. Ich wusste damals noch nicht, dass mein Schreiben immer von chauvinistischer Skepsis begleitet sein würde, dass ich, in einer Art innerem Ausland lebte. Schreiben würde eben nicht nur Selbstgewinn sein, sondern auch die Erfahrung subtiler Ausgrenzungen mit sich bringen.

Die Aufkündigung der nationalen Zugehörigkeit hatte ich schon viel früher, in meiner ersten Schulstunde, erfahren. In der Klasse sitzend, hatte mich der Lehrer mit der Frage konfrontiert, woher ich denn käme. Als ich den Namen meines aargauischen Dorfes nannte, brach ein ebenso fröhliches wie wütendes Gelächter los. Ich habe diese »Urszene« im Roman *Ein Koffer voller Wünsche* beschrieben. Solcherart auf mich zurückgeworfen, wurde mir als Jugendlichem die Herkunftsinsel meiner Väter wichtiger, als sie es hätte sein müssen.

Als ich wenige Jahre später meinen ersten Roman schrieb, stellte sich mir die Frage, welche Namen ich meinen Figuren geben sollte. Ich entschied mich, voller Scham, für entnationalisierte Namen. So hießen meine Protagonisten Manuel Kornell und Leo Brosamer. Auch die anderen Figuren in meinen Büchern waren nicht eindeutig als Schweizer oder Schweizerinnen erkennbar. Sie hießen nicht Los oder Meier, sondern Niki und Mouche, Mario Dill, Ralph und Daniel, oder Billie und Joe und – um den Fantasienamen Monsieur Fume meines gleichnamigen Buches nicht wegzulassen – Robert, Ray und Philip Shiva. Meine Figuren zeigen in ihren Namen Züge von Schweizabgewandtheit, als zögerten sie, die Schwelle zum Heimatland zu überschreiten. Sie halten sich von nationalen Riten fern wie der Teufel vom Weihwasser. In der *Ballade von Billie und Joe* heißt es: »Aber Joe weiß nicht, was er mit diesen Häusern und Schlösschen anfangen soll. Er arbeitet in diesem Land, wohnt hier, isst, schläft und liebt, aber das Land hat für ihn keine richtige Geschichte. [...] Im Grunde genommen lässt ihn das Schweizerische kalt.« Billie und Joe sind Namen aus jenem Milieu, in dem der Roman spielt, dem Film. Billie und Joe, große Liebende, haben Teil an den Mythen, die wie Wolken die Ländergrenzen überschreiten. Joe ist Teil einer Filmkultur, die in die große weite Welt hinausführt.

Das Schweizersein bleibt meinen Figuren verweigert. Rumpelstilzchenhaft würden sie sich am liebsten ihre Namen vom Leser erraten lassen. Damit erreicht sie noch als ferne Erschütterung die hybride Identität ihres Erfinders. In *Die verborgenen Gärten* erscheint der Lebens- wie der Identitätsentwurf beider Protagonisten, Manuel Kornell wie Leo Brosamer, als eine creatio ex nihilo. Vor allem Brosamer, der sechzigjährige glatzköpfige Millionär, eine Art *Monsieur Teste*, trägt einen Kunstnamen, der auf keine naturgegebene Herkunft verweist. Er sammelt Lebensläufe, er kann ohne die Biografie anderer Leute nicht leben. Vampirhaft saugt er fremde Biographeme wie Brosamen auf, um eine eigene Identitätsschwäche zu kompensieren.

Manuel halluziniert den Namen Brosamer als »Firmenschild, ein Zeichen für Anonymität, hinter dem sich alles und nichts verbirgt«. Als Autor spürt man instinktiv, wenn eine Figur gern in ihren Namen schlüpft. Leo Brosamer trug seinen Namen von Anfang an gern. Das Paradox, etwas und nichts zu sein, formuliert er auf seine Weise: Leo, der Löwenmähnige, ist ein Glatzkopf.

In der Namensgebung meiner Figuren tritt ein künstliches Element hervor. Den Protagonisten ist Natürlichkeit, das Verankertsein in einer Tradition und sicheren

Herkunft nicht gegeben. In ihren Namen sedimentiert sich ihr verrutschtes Verhältnis zur Heimat. Der Name, nach Adorno »versteinertes Gelächter«, trägt als Identitätsmal die Spur des Nicht-Identischen.

Wie Manuel Kornell befinden sich alle Figuren immer in einem Labyrinth, in dessen Mitte entweder die Namenlosigkeit oder die Identitätsfindung steht. Meistens bildet einer der Protagonisten ein dialogisches Paar mit einem anderen. In *Die verborgenen Gärten* versucht sich Manuel an seinem Gegenüber Brosamer zu konturieren, um der Gefahr der Verschmelzung mit ihm zu entgehen. In *Der Mann ohne Licht* ist Mario dem rätselhaften Schriftsteller Eugen Loder detektivisch auf der Spur, nicht ohne sich immer wieder mit ihm zu identifizieren. Im *Guayanaknoten* erzählt Ralf, dessen Alter Ego sein Bruder Daniel ist, seine Knoten-Geschichten im Auftrag des Verlagsmannes Lehmann. Stets lockt das Gegenüber mit dem Angebot der Selbstfindung, wie es diese auch gleichzeitig bedroht. In der *Ballade* ist das Andere die Geliebte Billie, während Robert in *Meine Väter* im Gesicht seines endlich gefundenen Vaters Ray nach Zügen von Ähnlichkeit und Differenz sucht. Das Dialogische, zuweilen das Antagonistische, ist ein Angebot zur Selbstfindung des Protagonisten. Die Hauptfiguren tasten sich so an ihre Identitätsanteile heran. Im Niemandsland ihres Herkommens gibt es kein Versprechen auf Selbstsein im Eingebürgert- oder Einheimischsein. Heimat muss gewonnen und herbeierzählt werden. Erst das Erzählen, Erfinden und Entwerfen von Lebensläufen bildet eine Identitätsstruktur aus.

Was passiert, wenn die Traditionen nicht greifen und der Einzelne durch das Netz der Zugehörigkeiten fällt?

Wenn es keinen Strom nationaler Traditionen gibt, in den man sich setzen kann? »Was für geglückte Traditionen richtig sein kann – das Sichtragenlassen vom Strom guter Überlieferungen –, ist für missglückte Traditionen selbstmörderisch oder falsch«, schreibt Peter Sloterdijk. Dies gilt auch für fehlende Traditionen. Wer aussteigt – oder hinausgesetzt wird, auch darum, weil er sich nicht darin erkennt –, der ist auf radikale »Selbstbestimmung, Selbstverwirklichung, Selbstbegründung« (Sloterdijk) aus. Wer aussteigt aus dem Fluss der Traditionen, hat statt eines soliden Stammbaums oft Risse, mit denen sich kein Heimatrecht in lokalen und nationalen Riten erwerben lässt. »Nationen«, so Sloterdijk, »haben ihren Namen freiwillig–unfreiwillig von dem Umstand her, dass sie Ordnungen von Natalitätsverhältnissen darstellen.« Hinter der Überprüfung von Natalitätsverhältnissen steckt die Frage nach der Natur und der Natürlichkeit sozialer Systeme, in die man verpflanzt worden ist. Der Wanderer zwischen den Kulturen, der in den Zwischenräumen Behauste entwickelt einen Blick für die Instabilität von gesellschaftlichen Gebilden.

In *Meine Väter* habe ich erstmals von meinen indischen Vorfahren väterlicherseits erzählt. Bei Recherchen über das Leben meines Vaters in London und dann in Trinidad war ich in der Redaktion des *Trinidad Guardian* in Port of Spain auf einen Genealogen gestoßen (im Roman heißt er Shamsuu Dahan), der gerade den Stammbaum meiner Familie großmütterlicherseits erstellt hatte.

»Nun, wir waren ja gerade noch in Indien. Wenn Sie sich die immense Größe des Subkontinents vorgestellt haben, dann setzen Sie einen kleinen Punkt im Norden Ihrer mentalen Karte hinzu. Klitzeklein, nicht größer als einen Fliegendreck. [...] Gehen Sie nun etwas näher ran, dann sehen Sie halbnackte indische Bauern in einem Reisfeld, Frauen in gelben und braunen Tüchern, Sie betreten das Dorf Mojowah im Bezirk Sultapore, welches selber im Distrikt Faizabad liegt. Heilige Kühe verscheißen die Hauseingänge, Ziegen blöken vor einem kleinen Tempel. Affen rennen herum. Es ist trocken und staubig, sodass Ihre Zunge wie ein abgeschnittener Affenschwanz im Gaumen klebt. Nordindien im Staate Uttar Pradesh. Kurz bevor der Monsun hereinbricht, verlässt ein Mann aus der Kaste der Brahmanen, der Uppadiah, namens Se Ondon dieses Dorf, nachdem er sich von seinem Vater Ramsaruup und seinem Bruder Gokool verabschiedet hat. In wochenlangem Marsch erreicht er den Seehafen von Kalkutta, wo er sich am einundzwanzigsten Juli 1867 auf dem englischen Schiff *The Foyle* einschifft. Unter dem Volk, das sich im Hafen versammelt hat, befinden sich arme Schlucker, aber auch Neugierige aus der Oberschicht, wie Se Ondon. Sie alle haben Zehnjahresverträge abgeschlossen, um ihr Glück in der Neuen Welt zu versuchen. Die *Foyle* macht sich also auf zur zweiten von insgesamt sechs Fahrten nach Trinidad. Am dritten November erreicht sie die Insel. Unter den 531 Einwanderern befindet sich der Priester Se Ondon, Ihr Ururgroßvater, der von den englischen Einwanderungsbehörden kurzerhand zu Sewnondon umbenannt wird. Als Priester mit einem Privatsekretär beginnt er seine Karriere im Distrikt Plein Palais in Trinidad.«

Meine Vorfahren wurden also 1867 als Kontraktarbeiter von Nordindien nach Trinidad eingeschifft. Die

Reise, die Ankunft und die Bedingungen auf dem Schiff lassen sich anhand der von den englischen Behörden ausgestellten Zoll- und Einreisedokumente detailliert nachvollziehen. Für die indische Wurzelsuche ist dies ein Glücksfall. Im Vergleich dazu haben es afrikanischstämmige Trinidader, die als Sklaven ohne Namen, Familienbande und Stammbäume ins Land kamen, schwerer, da kaum Papiere und Dokumente existieren.

In einer globalen Welt sind Stammbäume zu einem Mittel der Orientierung und Selbstvergewisserung geworden. Angesichts der Mutmaßungen, Spekulationen und Unwägbarkeiten, auf die ich stieß, merkte ich bald, dass die Biografien meiner Vorfahren erhebliche Lücken und Ungewissheiten aufwiesen. Die Tatsache, dass mein Ururgroßvater, der Priester, 1867 im Hafen von Kalkutta an Bord ging, setzte indes meine Fantasie in Gang. Die Fantasie, die die Realität ergänzt, musste ein Mittel zur Selbstkomplettierung sein.

Dies erfuhr ich auch bei meiner Vatersuche. Als ich meinen leiblichen Vater 1998 endlich in der Kings Road in London aufgespürt hatte, hatte er durch einen Schlaganfall gerade seine Sprache verloren – und sein Leben blieb für mich im Halbdunkel. Auch hier vermischten sich die Fakten, die ich in aufwändigen Recherchen zusammentrug, mit den Fiktionen. Sie vermischten sich neu: War vorher eine Lücke, die mit Fantasien gefüllt wurde, konnte nun auch die Realität keine Fakten schaffen. Was zuletzt blieb, war eine Erzählung über ferne und fremde Verwandte.

Nicht nur meine beiden Väter, sondern auch meine Großmutter mütterlicherseits war eine Immigrantin. Sie war nach dem Ersten Weltkrieg von der Insel

Rügen in die Schweiz eingewandert. Ihr Lebenslauf, der in den Roman *Der Guayanaknoten* Eingang gefunden hat, erzählt von den Mühen der Anpassung in der Schweiz, den damit verbundenen Verlusten und der Vergeblichkeit, im Nachbarschaftlichen Heimat zu finden. Die instabile Identität meiner aus allen Enden der Welt zusammengekommenen Vorfahren in eine Identität umzuwandeln, die man zuletzt als »angereichert« bezeichnen kann, war eine existentielle Notwendigkeit: Schreiben musste mir, von der ersten Zeile weg, Landgewinn sein.

Im Sommer 2013 besuchte die bekannte afroamerikanische Showmasterin Oprah Winfrey eine Nobelboutique in Zürich und ließ sich die Handtaschen zeigen. Ihr stach ein aus Krokodilleder gefertigtes Modell in den oberen Regalen ins Auge, aber als sie dieses anschauen wollte, verwehrte ihr dies die Verkäuferin mit dem Argument, die Tasche sei »zu teuer«. Oprah Winfrey empfand diese Verweigerung als »rassistisch«. Der Umstand, dass die Tasche für eine Schwarze zu teuer ist, lässt sich auch umgekehrt lesen: Oprah Winfrey war für die Tasche zu »billig«. Oder lag es am Auftreten von Oprah Winfrey, die eine – aus Sicht der Verkäuferin angemessene – Unterwürfigkeit vermissen ließ, sodass diese in ihrem Überlegenheitsgefühl verunsichert war? Die Begegnung der beiden war auf jeden Fall gestört.

Wie Oprah Winfrey später in einem Interview sagte, werden Farbige in einer weißen Mehrheitsgesellschaft fast jeden Tag zurückgesetzt, beleidigt, übergangen, zuweilen fast wie unabsichtlich übersehen oder unfreundlich angesprochen. Eine alte Dame zieht, wenn eine Farbige eine Straßenbahn betritt, ängstlich ihre Handtasche an sich. Ist das rassistisch? Ein Grenzzöllner kontrolliert als einzigen im Großraumwagen einen Farbigen. Zufall? Beides ist nicht rechtswidrig, aber für die Betroffenen ist es beleidigend und ausgrenzend.

Bei solchen Begegnungen öffnet sich ein Abgrund an Ungewissheiten, Vermutungen und Mehrfachcodierungen. Der Farbige fühlt sich selbst durch die Andeutung einer Herabsetzung verletzt, ja, er mag im wiederholten Fall auf eine Herabsetzung geradezu lauern, weil er sie fürchtet und nicht verhindern kann. In gewissen Fällen wird er, um sich zu schützen, aggressiv-selbstbewusst auftreten, was wiederum sein Gegenüber verunsichert und zu einer aggressiven Herabsetzung veranlasst. Das arrogante Verhalten eines Schwarzen ist nie dasselbe wie das eines Weißen. Die Aufsässigkeit eines Einheimischen wird anders wahrgenommen als die eines (vermeintlichen) Ausländers. Dabei ist nicht sicher, dass der Weiße den Farbigen wirklich wegen seiner Erscheinung herabsetzt, weswegen der Weiße, in diesem Fall die Verkäuferin, den Verdacht des Rassismus auch vehement abstreitet. Erfolgte der Hinweis auf den Preis der Tasche aus rassistischen Gründen, dann ist noch nicht einmal sicher, dass dies der Verkäuferin bewusst gewesen sein muss. Kann sie dann aber dafür verantwortlich gemacht werden? Und wie wirkt eine solche entschuldigende Argumentation auf den Betroffenen?

Zwischen rassistisch bedingter Herabsetzung und einfacher Grobheit zu unterscheiden, gehört für den Farbigen zur täglichen, aufreibenden Bewusstseinsarbeit. Der Raum, in dem sich Farbige und Weiße begegnen, ist voller Vermutungen, Unterstellungen, Verdachtsmomenten und Ressentiments. Der Farbige wird sehr genau hinhören und hinschauen müssen, wenn er herausfinden will, warum er im Metzgerladen von der Verkäuferin übergangen wird. Liegt es an seinem unfreundlichen Gesichtsausdruck? Oder an der Kleidung, wie Oprah Winfrey nachdenklich erwägt, wenn sie sich fragt, ob sie an jenem Tag auch gut genug gekleidet gewesen sei? In jedem Fall kann auch die Besitzerin der Boutique, die »die Hand für die Verkäuferin ins Feuer legt«, nicht sicher sein, was diese dazu bewogen haben mag zu sagen, die Tasche sei zu teuer.

Der oder die Farbige begibt sich, wie die Psychoanalytikerin Carmel Fröhlicher-Stines sagt, in die Gefahr, das rassistische Verhalten des Gegenübers als eigenes Fehlverhalten zu verinnerlichen. Er fühlt sich schuldig, weil ihm stets nur Misstrauen und Ablehnung entgegengebracht werden. Gelingt es ihm nicht, zwischen rassistischem und andersartig begründetem Verhalten einen Unterschied zu machen, wird er zum Opfer eines paranoiden Selbstverdachts. Wo Rassismus dieser Art ins Spiel kommt, ist der Weiße mit dem Farbigen in einen gemeinsamen Raum eingeschlossen. Der Eine wie der Andere kommuniziert nicht mit seinem Gegenüber, sondern macht es zu einem Vertreter seiner »Rasse«. Zwischen Eingebildetem und Realem verliert der Betroffene den Boden unter den Füßen. Sein Bewusstseinsraum wird enger, je weiter seine Wahrnehmung und die seiner Umgebung auseinanderdriften. Gerade jene, die den Konflikt herunterspielen, die Verharmloser, verschärfen ihn. Sie lassen den Betroffenen an der eigenen Wahrnehmung zweifeln und verzweifeln.

Verharmloser und Leugner sind ebenso wie die Betroffenen in diesen paranoiden Raum eingeschlossen. So hat ein für die *Weltwoche* arbeitender Kolumnist behauptet, nicht nur die Verkäuferin habe eine »Fehlleistung« begangen, sondern auch Oprah Winfrey, die sich nur deswegen gekränkt gefühlt habe, weil sie nicht als Berühmtheit erkannt worden sei. Dem Opfer wird also seine (vermeintliche) Eitelkeit vorgeworfen; ihm dürfte es damit noch schwerer werden, sich innerlich von rassistischen Übergriffen abzugrenzen.

Der paranoide Raum ist das Ergebnis eines subtilen, unterschwelligen Rassismus. Wer die Blogs zu »Täschligate« liest, erkennt, dass der paranoide Raum auch die Argumentation der Verharmloser und Verleugner beschädigt, die kein Fehlverhalten der Verkäuferin einräumen können. Im paranoiden Raum gibt es keine letzte Wahrheit, sondern nur Varianten des Wahrscheinlichen. Dass in der Verdrehung der Logik, bei der das Opfer zum Täter gemacht wird, ein paranoides Moment durchschlägt, zeigt die Macht, die das Tabu des Rassismus noch immer hat.

Der paranoide Raum ist in Gesellschaften, die rassistisches Verhalten offen zeigen, eher klein. In Deutschland, Österreich und der Schweiz, wo antirassistische Bemühungen offizielle Politik geworden sind, tut sich der paranoide Raum besonders weit auf. Gegen die wiederholte »Entgleichung«, die Produktion von herabsetzender Differenz, gibt es kein einfaches Mittel. Die Einsicht in den Mechanismus hängt von jener Sensitivität ab, die einem nur eigene Erfahrung vermitteln kann. Zwar sind »Opfer« und »Täter« im selben Raum, aber ein Graben verhindert ein gegenseitiges Verständnis.

Treffend hat es Mark Terkessidis formuliert, wenn er von einer »unbestimmten Empfindlichkeit« spricht, die Personen mit nicht eindeutiger Nationalität auszeichnet. Wer davon nicht betroffen ist, will darin kein Problem sehen. Es scheint unmöglich, die Erfahrung des Rassismus zu teilen, Empathie lässt sich gesamtgesellschaftlich nicht erzwingen. Es hülfe allein ein sich Befreunden mit dem Fremden; die Einsicht, dass der Fremde nicht ein Feind, sondern nur ein anderer ist.

»He is not black enough«, sagte der Taxifahrer in Chigaco, als ich ihn im Winter 2007 auf einer Reise durch die Staaten nach den Aussichten des Präsidentschaftskandidaten Barack Obama fragte.

Wie »schwarz« ist Barack Obama? Drohte er nun, so fragte man sich im Vorfeld der Wahlen, im Scheinwerferlicht der globalen Öffentlichkeit nicht gar jede »Farbe« zu verlieren? Oder würde seine Präsidentschaft zu einem Signal gegen Rassismus werden? Obamas Töchter Malia und Sasha wurden von den Medien bereits als Symbole einer zukünftigen Generation hochstilisiert, die das Rassendenken transzendiert.

»Nur Weiße können sich den Luxus leisten, die Hautfarbe zu übersehen.« Ich stieß auf diesen Satz in dem 2003 erschienenen Roman *The Time of our Singing* des (weißen) amerikanischen Autors Richard Powers. Der Roman erzählt die Geschichte zweier Mischlinge, Jonah und Joey, Söhne eines jüdischen Immigranten und einer Afroamerikanerin, eine lange, verschlungene Erzählung über eine gemischtrassige Aufsteigerfamilie. Der junge Obama könnte einer der beiden Mischlinge sein, deren Entwicklung der Roman von der Zeit der Segregation über die Rassenunruhen bis zum »Million Man March« 1995 nachzeichnet, bei dem Hunderttausende von Schwarzen auf der Mall von Washington aufmarschierten. Das gemischtrassige Ehepaar Delia und David Strom erziehen ihre beiden Söhne so, als ob es keine Rassenschranken, keine Unterschiede und kein Machtgefälle zwischen den Rassen gäbe. Erst das dritte Kind, die Tochter Ruth, deren Hautfarbe dunkler ist als die der Brüder, wächst mit dem Bewusstsein auf, Außenseiterin zu sein. Während die Brüder, jeder auf seine Art, als Gesangsgenies Karriere machen (und dafür von anderen Schwarzen angegriffen werden), wird Ruth Mitglied der Black-Panther-Bewegung. Als die beiden Brüder 1952 an die Boylston Academy in Boston aufgenommen werden, empfängt sie ein blonder Mitschüler mit dem Ruf: »Habt ihr zwei etwa schwarzes Blut? Meine Eltern sagen, ich darf mit niemandem essen, der schwarzes Blut hat.« Die Zurücksetzung durch einen institutionellen wie individuellen Rassismus erwartet sie nun an jeder neuen Wegstrecke ihrer Biografie. Zu tief ist der Rassismus in den Denk- und Gefühlsmustern des weißen Amerika verankert, als dass er sich per Gesetzesdekret aufheben ließe. 1955 singt die schwarze Marian Anderson erstmals an der Metropolitan Opera, aber im selben Jahr wird eine vierzehnjährige Schwarze in Mississippi von weißen Farmern gelyncht. Im selben Jahr erlebt das dritte der Strom-Kinder, Ruth, wie ihr Elternhaus in Flammen aufgeht und ihre Mutter Delia darin umkommt. Offizielle Brandursache ist ein explodierter Heizkessel. Was immer die Ursache für den Brand war – das tragische Ereignis eröffnet einen Raum für Spekulationen und Ängste, einen paranoiden Raum: »Du brauchst nicht zu wissen, ob jemand sie bei lebendigem Leibe angesteckt hat«, sagt Jonah zu seinem Bruder. »Vielleicht ist sie einen Tod gestorben, der nichts mit ihrer Hautfarbe zu tun hat. Vielleicht kommt es wirklich vor, dass Heizkessel explodieren. Du weißt es nicht, du kannst es nicht wissen, du *wirst* es nie wissen. Genau das bedeutet Schwarzsein in diesem Land. Dass man niemals Gewissheit hat. Weißt du, was es bedeutet, wenn sie dir das Wechselgeld auf den Tisch legen und nicht in die Hand? Wenn sie schon eine Querstraße, bevor sie dir begegnen, die Straßenseite wechseln? Vielleicht *wollten* sie ja auf die andere Seite.«

Leben im paranoiden Raum. Schwindel der Fremdheit. Vielleicht gehören Biographeme aller drei Romanfiguren von Powers auch zum Erfahrungsschatz des Präsidenten. Wie Obama stehen die Brüder Jonah und Joey zwischen den Rassen. Die Brüder, so die Meinung ihrer Eltern, können sich frei zwischen den ethnischen Welten bewegen. Diese Erziehung enthält im Kern ein utopisches Programm, das durch die Wahl Obamas teilweise eingelöst zu werden schien. Gleichzeitig dementiert Richard Powers alle naiven Erwartungen. Gegen die voreilige Versöhnung mobilisiert sein Roman eine dokumentarische Unerbittlichkeit, Beschreibungen von offenen und versteckten Unterdrückungs- und Ausgrenzungsmechanismen.

Wie versteckt und sublim rassistische Prozesse im Betroffenen weiterwirken, erfuhr ich, als ich vor Jahren zusammen mit einer Schweizer Autorin mit afrokaribischem Hintergrund unsere Erfahrungen im paranoiden Raum aufzeichnete. Beide hatten wir, obwohl charakterlich wie ethnisch und biografisch verschieden, nicht wenige Gewichte auf die gemeinsame Waage zu legen. Der Schwindel der Fremdheit hatte uns durch die Jahre unseres Lebens begleitet – schwächer geworden war er durch das allmähliche Vergessen, das vom Verdrängen sich nie trennen lässt. Im Laufe unserer Gespräche stellten wir fest, dass der persönliche Schmerz sich kaum mit anderen teilen lässt. Was dem einen banal und zufällig erscheint, wird dem empfindlich gewordenen Betroffenen zur Kränkung oder Verletzung. Die Arbeit an unserem Projekt konnten wir nicht zu Ende bringen, die Aufhebung der Verdrängung im paranoiden Raum förderte eine Empfindlichkeit, die sich zuletzt auch gegen das gemeinsame Unternehmen wendete. Zurück blieb jeder mit seiner eigenen Bitterkeit.

Allmähliches Verschwinden

Meine beiden Väter, der leibliche wie der Stiefvater, erfuhren den kolonialen Rassismus am eigenen Leib. Beide waren Nachkommen indischer Einwanderer in Trinidad und Tobago, die in der Mitte des 19. Jahrhunderts mit einem Vertrag auf der Grundlage von »Indentured Labour« in die Neue Welt gekommen waren. Indentured Labour war eine milde Form von Sklaverei, bei der der »Servant« sich für sieben Jahre verdingte. Nach Ablauf dieser Zeit, in der ihm nur wenig mehr Rechte zugestanden wurden als einem Sklaven, war er frei und erhielt nicht selten ein Stück Land oder einen Geldbetrag.

Während mein leiblicher Vater Ralph aus Trinidad auswanderte und in London verlorenging, zog der andere, Dinanath, in die Schweiz und heiratete meine Mutter. Beide wurden in einem aargauischen Dorf sesshaft. Mein Stiefvater eignete sich in Kürze die deutsche Sprache und die einheimischen Umgangsformen so perfekt an, dass er, sah man von seiner auffälligen Hautfarbe ab, beinahe zu einem Einheimischen wurde. Er schlüpfte in die Gewohnheiten der Einheimischen wie in einen gut sitzenden Anzug. Er war diskret, er trank nicht, er spielte Tennis am Sonntagmorgen und pflegte samstagnachmittags seinen Wagen zu waschen. Mit einem Schwamm verteilte er den Schaum über die Kühlerhaube und das Dach und verwandelte das Chassis in eine surreale Plastik. Mit dem Wasserschlauch spritzte er den Schaum wieder weg, sodass darunter die blitzblanke

Karosserie eines gänzlich neu aussehenden Wagens ans Licht kam. Dieses Geburtsritual, dieses Wagenwaschen war eine Tätigkeit, bei der er seinen Willen zur Sauberkeit und seine Arbeitsmoral stärkte und sich versicherte, dass er im Gastland angekommen war. Beim Wagenwaschen war ich, der Bub, meist mit dabei; es war die einzige Tätigkeit, die wir zusammen verrichteten. Wir arbeiteten wortlos im Gesumm der nachbarlichen Rasenmäher oder, wenn es leiser wurde, im Knistern des Schaums, mit dem wir dem Staub der Landstraßen zu Leibe rückten. Nato, so die Abkürzung seines Namens, wrang den tropfnassen Hirschlederlappen so aus, dass er trocken wie ein Taschentuch wurde. Ich stand daneben und bewunderte die Kraft seiner Hände. Dann trieb er mit dem nahezu trockenen Lappen Glanz in die Flanken des Wagens. Ich wollte es ihm gleichtun, aber mein Lappen blieb stets zu nass, sodass meine Wagenhälfte nie so herrlich glänzte wie seine. Zuletzt schrubbte er die Weißwandreifen mit der Bürste ab und erzählte mir von seinem ersten Wagen, den er als Student auf Trinidad besessen hatte, ein Morris, englische Bauart, mit weißen Reifen. Ich sah ihn auf Schwarzweißfotografien an die Kühlerhaube dieses Morris gelehnt, dessen Karosserie im Tropenlicht hell leuchtete. Für einen Angehörigen der indischen Mittelschicht muss dieses Auto ein unerhörtes Statussymbol gewesen sein.

Ralph, den ich, nach der Trennung von meiner Mutter, vierzig Jahre nicht mehr zu Gesicht bekam und der einen flüchtigen, aber unauslöschlichen Abdruck in meinem Gedächtnis hinterließ, lebte ein mir unbekanntes Leben. Ich wusste zeitlebens nicht, wo er sich befand, ja, schrecklicher, wer er war. 1995 fand ich ihn gelähmt, verarmt und nach einem Schlaganfall seiner Sprache beraubt in einer Einzimmerwohnung an der Kings Road im Westen Londons. Seine Geschichte, unsere Geschichte ist in meinen Roman *Meine Väter* eingegangen. Bei den Fahrten, die meine Mutter mit mir zwischen der Schweiz und der Tropeninsel unternahm, wurde Ralph irgendwann durch Nato ersetzt. Von diesen Fahrten auf dem Meer unter einem funkelnden Sternenhimmel habe ich nichts behalten. Eine robuste Verdrängung stellt sich zwischen das Heute und die Zeit damals. Denn dem räumlichen Hin und Zurück entsprach eine emotionale Ambivalenz. Sie untergrub meine Gefühle für meinen nachmaligen Erzieher, an dessen Seite ich meine Kindheit und Jugend verbrachte, während mein leiblicher Vater der schattenhafte Abwesende blieb, im kindlichen Bewusstsein indessen nicht weniger gegenwärtig als der andere.

Beide Väter entstammten unterschiedlichen Kasten und dementsprechend unterschiedlichen Gesellschaftsschichten innerhalb der indischen Diaspora von Trinidad. Während die Familie meines leiblichen Vaters aus der Kaste der Brahmanen (Uppadiah) kam, gehörte der Stiefvater der Mittelschicht an. Beides interessierte mich nicht sonderlich. Im Gegenteil lehnte ich das System der Kasten und das damit verbundene religiöse Denken ab; bei meinen Besuchen auf Trinidad hatte ich stets den Eindruck, dass sich die indische Bevölkerung durch ihr Festhalten an der Tradition in ihrer Weiterentwicklung behinderte. Gemeinsam war beiden Vätern die Erfahrung des Rassismus. Kurz vor seinem Tod fand ich bei Ralph einen Zeitungsartikel, der ihn als Opfer eines Überfalls in einem Bus in London zeigte.

Der Rassismus, den mein Stiefvater erfuhr, war anderer Natur. Er war nicht allein, nicht einer Großstadt ausgesetzt. Am Ende seiner Migration erwartete ihn ein stabiles Umfeld, das aus einer resoluten norddeutschen Schwiegermutter und einem liebenswerten Luzerner Schwiegervater bestand. Und meiner Mutter.

Auf einer Schwarzweißfotografie von uns beiden ist ein Moment auf diesen Überfahrten festgehalten. Sie zeigt Nato mit einem Ellbogen an ein Eisengeländer gelehnt. Seine kräftigen, schwarzen Haare sind nach hinten gekämmt, der Ansatz einer Tolle verebbt in seiner Stirn, sein Gesicht ist von einer übergroßen Hornbrille zur Hälfte verdeckt. Es muss der Hafen von Genua sein, in dem wir stehen, denn die damalige Route führte von Genua über Madeira bis nach Port of Spain. Mein Stiefvater trägt eine weite Flanellhose und einen dicken Blazer. Die sorgfältig ausgewählte Kleidung verrät, dass er sich in einer ungewohnten Umgebung befindet und sein Blick ist unsicher und verliert sich im Ungefähren. Seine Beinstellung ist unnatürlich, instabil wie der Boden unter seinen Füßen. Ich stehe, um einiges sorgloser, in Windjacke und weißen Schuhen als Vierjähriger daneben. Es ist der Augenblick kurz vor der Einwanderung meines Stiefvaters.

In der Schweiz angekommen, zogen meine Mutter und er in deren Elternhaus, und er ergriff, obwohl er auf seiner Tropeninsel eigentlich Förster hatte werden wollen, das Medizinstudium. Diese Entscheidung erwies sich im Rückblick als äußerst glücklich. Wäre er wie mein Luzerner Großvater oder meine norddeutsche Großmutter in einer der umliegenden Zigarrenfabriken als Arbeiter untergekommen, wäre seine Rückkehr auf die Insel wohl nur eine Frage der Zeit gewesen.

Meine Großeltern, bei denen ich in der Folge aufwuchs, blieben zeitlebens arme Leute. Meine Großmutter, Erna Meta Galliker, geborene Kohler, war nach dem Ersten Weltkrieg von Rügen kommend ins Aargauische eingewandert. Am Weltkrieg verarmt, konnte ihr Vater, der seinerseits im 19. Jahrhundert aus dem emmentalischen Sumiswald nach Rügen aufgebrochen war und eine Deutsche geheiratet hatte, seine zwölf Kinder nicht mehr durchbringen. Er schickte seine Älteste, Erna, in die Schweiz, wo sie bei einem Onkel in einem Restaurant als Magd, als »Mädchen für alles«, Beschäftigung fand. Sie arbeitete für einen Hungerlohn und machte äußerst entwürdigende Erfahrungen. Später wechselte sie in die Zigarrenfabrik und wurde eine zur Starrsinnigkeit neigende Frau, die es sich und ihrer Umgebung nicht leicht machte. Sie war das Gegenteil meines sanften Stiefvaters. Was die beiden trotzdem verband, war der unerschütterliche Wille zur Anpassung.

Jeden Morgen riss meine Großmutter in aller Herrgottsfrüh die Fensterläden auf, damit die Nachbarn sie nicht für eine Langschläferin hielten. Sie fuhr in weißen Handschuhen über Möbel und Leisten, sie reinigte die Fenster übertrieben oft und wischte jedes einzelne Laubblatt vor der Haustür weg. Sie hatte eine sogenannte »Schöne Stube« hergerichtet, ein Zimmer, in das Gäste, wenn sie überraschend kamen, geführt werden konnten. Soweit ich mich entsinnen kann, ist nie jemand gekommen.

Meine Großmutter hätte mit ihrem Schwiegersohn darüber reden können, wie sie ihre »Fremdsprache«, die ja im Gastland die Sprache des Feindes war, zugunsten des heimischen Dialekts unterdrückte. Sie beherrschte das Schweizerdeutsche bis in seine lokale Intonation hinein, ebenso wie Nato, dem allerdings ein fremdländischer Akzent blieb, der gut zu seiner Erscheinung passte. Erst in den letzten Lebensjahren begann sich die Sprache meiner Großmutter beunruhigend zu verändern; sie schwoll in den Vokalen auf, sie verirrte sich in den Betonungen. Kurz bevor sie starb, brach aus ihr ein klares, scharfes Norddeutsch, das Idiom ihrer Kindheit. Sie erzählte nun vom Untergang des Zirkus Hagenbeck und der Titanic, sie erzählte mir, dem Enkel, an langen Nachmittagen, wenn schlechtes Wetter hereinbrach und den Garten draußen verdüsterte, immer wieder vom Untergang ihrer Welt.

Meine Großmutter hätte mit meinem Stiefvater auch über die Einsamkeit reden können, denn sie hatte keine Freunde, nur Verwandte, die sie nach und nach aus Rügen hergeholt hatte. Auch mein Stiefvater war allein im Dorf. Im Gegensatz zu ihr hatte er nicht einmal eine Sippe und auch keine verstreute Verwandtschaft im Land. Er ging nie allein aus, seine Freunde waren die Freunde meiner Mutter. Während seines Studiums in Heidelberg hatte er noch einen Kreis von amerikanischen Kommilitonen um sich; es muss für ihn wie die Flucht aus einem toten Winkel gewesen sein. In der Schweiz aber war der Anpassungsdruck, der auf ihm, wie damals auf jedem Einwanderer, lastete, so groß, dass er innerlich wohl überfordert war.

Die einzigen Ausländer, die es damals im Dorf gab, waren Italiener, Spanier und Portugiesen. Mit ihnen hatte er nichts gemeinsam. Sie waren bei der Arbeit und in der Freizeit unter sich. Sie hatten ihre Kantinen und Versammlungsorte; sie kamen aber gern zu ihm als Patienten, denn sie fühlen sich von ihm verstanden.

In einem Brevier mit dem Titel *Vom Anderssein zur Assimiliation*, das der Präsident der kantonalen Fremdenpolizei Marc Virot in den sechziger Jahren verfasst hatte, ist in deutlichen Worten niedergelegt, was man von einem Ausländer erwartete. Ein die Assimilation bejahender Ausländer sollte beispielsweise Schweizer Radiosender hören, Schweizer Zeitungen lesen und nicht nur Olivenöl zum Kochen benutzen. Anpassung hieß damals, dass der Zugewanderte sich auch Schweizer Filme und nicht nur solche aus seiner Heimat anschaute, in der Familie nicht allein und ausschließlich seine Muttersprache sprach, dass er keinen unseriösen Lebenswandel führte und nicht wünschte, in der Heimat begraben zu werden. Ein Ausländer musste lernen, in der Straßenbahn aufzuschließen, den Kehrrichtsack zur rechten Zeit am richtigen Ort abzustellen, keine Wäsche ins Fenster zu hängen, keinem Arbeitskollegen ohne fremdenpolizeiliche Bewilligung die Haare zu schneiden und Fahrscheine im Bus nicht auf den Boden zu werfen. »Ja«, schrieb Virot, »er ist in dieser Beziehung erst assimiliert, wenn er wie wir das Gefühl hat, ein Wahrer der öffentlichen Ordnung zu sein, der das Recht hat, den anderen auf sein vorschriftswidriges Verhalten aufmerksam zu machen, und manchmal strenger als die Polizei. [...] Wir dürfen nicht verlangen, ein Ausländer soll statt Chianti oder Rioja wie wir französischen Wein oder Coca Cola trinken. Wenn er aber Vogelfallen aufstellt, so bleibt er ein Fremder.«

Auch meine Großmutter nannte die Italiener Vogelfresser.

Trinidads Nationalgetränk ist »Rum an' Coca Cola«, die Musik rhythmischer Soca und Calypso, die Außentemperatur liegt nie unter 25 Grad Celsius. Mein Stiefvater spürte auch nach Jahren noch die Fröste der Fremdheit. Denn Fremdheit ist keine objektive Maßeinheit, keine fixe Eigenschaft und auch kein Zustand. Fremdheit beschreibt ein Verhältnis, das jemand zu seiner Umwelt – oder diese zu ihm – hat. Die Vorstellung, wie sich ein junger Mann, der aus einem Land kam, das für seinen Karneval, seine Gewaltausbrüche und seine überschäumende Lebenslust berüchtigt ist, anpassen muss, diese Vorstellung ist irritierend. Musste der Assimilationsdruck nicht, wie es bei meiner norddeutschen Großmutter geschehen war, seine Identität fast völlig auslöschen? Wie viel Eigenes konnte überleben, wenn man in Rechnung stellt, dass die Anpassungsanforderungen im Alltag den Furor des Virotschen Büchleins noch überstiegen? Wie rigoros musste sein Ich umgebaut werden, um neurose- und krankheitsfrei in einer xenophoben Umgebung bestehen zu können?

Mein Stiefvater wurde Arzt. In Heidelberg lernte er Deutsch im Rekordtempo und machte dazu das Dolmetscherdiplom. Sein Deutsch wurde makellos, sein Schweizerdeutsch hingegen blieb, wie gesagt, eine sonderbare Mischung aus Hochdeutsch und Dialekt, was indessen den Erwartungen seiner Umwelt entsprach. Hätte er das Schweizerdeutsche rein und »urchig« gesprochen, hätte er seine Umgebung befremdet. Sein leichter Akzent aber wirkte auf jedermann so selbstverständlich, dass man sich mit dem Fremden, der in Wahrheit perfekt Deutsch sprach, gut unterhalten zu können glaubte. Seine Gestik und seine Körpersprache waren von großer Höflichkeit, ja, von einer bestürzenden Zurückhaltung. Man hörte ihn nie schimpfen und fluchen, Kopf- und Rücksichtslosigkeit waren mit seinem Wesen unverträglich. Seine Affektkontrolle überstieg auch die landesübliche Diskretion. Vielleicht war sie das Resultat einer listigen Unterwerfung, die seiner Umgebung das Gefühl der Überlegenheit gab und ihm zuletzt die eigene Souveränität gewährte.

Er trat mehr und mehr von sich selber zurück. Es gab keine Situation, in der er sich in den Vordergrund gedrängt, in der er sich exponiert, in der er sich übertrieben behauptet oder gar aufgespielt hätte. Sein Gang war elegant und geräuschlos, seine Stimme ruhig, hinter ihm fielen die Türen leise ins Schloss. Sein Wesen war lautlos, wurde noch lautloser mit den Jahren, zuweilen hatte ich den Eindruck, er würde sich selber spielen, ohne noch wirklich vorhanden zu sein.

Er hatte die hinduistische Religion seines Mutterhauses in Trinidad zurückgelassen. Während sein Bruder, ein Regierungsbeamter, religiöse Lieder sang und mehrmals am Tag betete, war er wissenschaftsgläubig geworden und fand sein Heil in der Medizin, der Erforschung und Heilung des Körpers. Seine Lieblingslektüre war keine Zeitung, sondern das *British Medical Journal*. Was machbar war, sollte getan werden; dafür stellte er sein Leben in den Dienst anderer. Sein Erfolg war das Ergebnis seiner strikten Disziplin und gemeinsamer Planung mit seiner Frau. Er blieb stets nüchtern und pragmatisch. Sein Lebenslauf war der Beweis dafür, dass man alles schaffte, wenn man nur klar und geradlinig genug denken konnte. So huldigte er der Fortschrittsgläubigkeit desjenigen, der ins Gelobte Land gekommen war. Er schuftete während des Studiums in Deutschland in einer Lederfabrik im Akkord, wusch in einer nassen Höhle glitschige, stinkende Lederhäute. Und er machte die besten Prüfungen.

Die Schweiz war ein fortschrittliches Land, in dem alles funktionierte. Die Maschinen surrten störungsfrei, die Straßen waren sauber, und der Verkehr wurde durch ein Regelwerk gelenkt. Das Leben war gemäßigt, die Schweiz war ein »wissenschaftliches« Land. Er schätzte den nüchternen Charakter der Institutionen. Fantasie war ihm fremd, Übertreibungen hatte er sich ausgetrieben. Seine trockene Sicht auf die Schweiz hätte jedem Erzpatrioten zur Ehre gereicht, ihm selber waren ausschweifende Gefühle nicht erlaubt. Er lernte das Skifahren im Winter, er spielte mit hartem Aufschlag Tennis im Sommer. Er fuhr ins Tessin in den Urlaub.

Sechs Jahre nach seiner Ankunft offenbarte mir meine Mutter aus heiterem Himmel, dass er sich zur Rückkehr nach Trinidad entschlossen habe und wir auswandern würden. Gründe nannte sie keine. In der Familie wurden diskret Anstalten zur Vorbereitung der Abreise getroffen; ich begann Englisch zu lernen und gab mein Latein auf.

Im Frühjahr 1968 reiste Nato zu ersten Vorbereitungen für die Rückkehr auf die Insel. Der Aufenthalt währte kürzer als vorgesehen und endete in einer Enttäuschung. Im Spital von Port of Spain traf er mit voller Wucht auf den Schlendrian der Dritten Welt. Überall nur Ineffizienz und Inkompetenz. Teures medizinisches Gerät, von amerikanischen Firmen gestiftet, verlotterte ungenutzt auf den Gängen, während die Patienten an Krankheiten starben, die in der Schweiz ohne weiteres heilbar waren. Man bot ihm, dem Oberarzt eines Schweizerischen Kantonsspitals, eine befristete Assistenzstelle an. Er entgegnete, er könne mit ruiniertem Gerät nicht Medizin betreiben. Man lächelte. Trinidad war ein Entwicklungsland, das ihm seine antikolonialen Stacheln zeigte. Seine rassenübergreifende Ignoranz. Es verweigerte einem seiner Söhne die Rückkehr, gekränkt darüber, dass die meisten Akademiker seit Jahrzehnten in die USA und nach Kanada abwanderten.

Er kehrte in die Schweiz zurück und leitete 1970 seine Einbürgerung ein, die reibungslos über die Bühne ging. Sein Leumund war tadellos, seine Eignung als Schweizer Staatsbürger fraglos. Aber seit dieser Rückkehr muss er sich heimatlos gefühlt haben. Eine Möglichkeit war verloren gegangen, die viele Einwanderer lebendig hält: die Möglichkeit auf ein anderes Leben. Mein leiblicher Vater Ralph hatte ein Leben lang davon geträumt, London den Rücken zu kehren und nach Hause zurückzugehen. Es misslang ihm jedes Mal. Meine Großmutter erstickte den Traum von einer Rückkehr in sich und träumte zuletzt von einem anderen Leben im Jenseits. Nato hatte der Gedanke an eine Rückkehr über Jahre hinweg die Kraft gegeben, Zurückweisungen, Frustrationen und Verletzungen, die er im Gastland erfuhr, wegzustecken. Das andere Leben, die verlorene Heimat besetzte den Ort der Sehnsucht. 1968 ging die Möglichkeit, ein anderes Leben führen zu können, endgültig in die Brüche. Aus einem vorläufigen Leben war ein unwiderrufliches geworden.

Das ehemalige Heimatland meines Stiefvaters verwandelte sich in eine Ferieninsel. Man flog, im Familienverbund, an die palmengesäumten Strände, man zog shoppend durch die stickigen Städte und beäugte von Ferne die Slums. Jedes von uns Kindern musste für sich selber entscheiden, ob es sich als halber Einheimischer, Vierteleinheimischer oder als Tourist sah. Mit Erstaunen bemerkten wir an meinem Stiefvater Rückverwandlungen: Verhaltensweisen und Gesten traten hervor, die man als inseltypisch bezeichnen musste. Aus dem rücksichtsvollen Partner wurde ein Pascha; die lautlose Existenz machte sich plötzlich bemerkbar.

Mein Stiefvater entging den Täuschungen, die ein anderes Leben verheißen hatten, und baute 1972 ein eigenes Haus. Wie Mr. Biswas in V.S. Naipauls Roman »A House for Mr. Biswas« kaufte er ein Grundstück und legte die Fundamente im Heimatdorf seiner Frau. Dabei war er weitaus glücklicher als Biswas. Die siebziger und achtziger Jahre waren Boom-Jahre. Nicht nur florierte das Kleingewerbe im Dorf, auch seine Arztpraxis lief gut. Der Stamm der Patienten wucherte übers Wynen- und Aare- bis ins Fricktal hinaus. Aus dem Einwanderer wurde eine Kapazität, der mit Geschick und Können den Leuten die Krankheiten austrieb. Eine Respektsperson, ein geschätzter Arzt, der sich seiner Herkunft nur noch bei seltenen Gelegenheiten zu erinnern schien, etwa wenn Currychicken auf den Tisch kam. Während sich an seinen Geburtstagen die Rollschinken, Lachstranchen, die Früchtekörbe von seinen Patienten auf dem Gabentisch türmten, standen die Familienmitglieder vor der Frage, was sie jemandem schenken sollten, der doch schon alles hatte – und an dem nichts haften blieb. Er lebte mehr oder weniger ohne eigene Dinge. Als hätte er seine Sachen im Heimatland zurückgelassen und als müsste er ein Leben lang seine Treue unter Beweis stellen, verweigerte er den Dingen hier seine Gefühle. Wenn es denn Gefühle und nicht nur Gewohnheiten sind, die einem eine Uhr, ein Auto, ein Portemonnaie zu eigen machen. Er hatte kaum eigenes Geld. Darauf angesprochen, pflegte er Othello zu zitieren: »Who steals my purse steals trash.« Musste ein neues Auto angeschafft werden, musste man ihn dazu überreden. Was ihn nicht daran hinderte, den Dingen, die man ihm schenkte, höchste Sorgfalt angedeihen zu lassen.

Es gab Felder, die er nie betrat. Er äußerte sich weder zur Partei- noch zur Bundespolitik. Er war nie in einem Fußballstadion oder bei einem Eishockeyspiel. Er besuchte kein Symphoniekonzert und kein Theater. Er rannte bei keinem Marathonlauf mit, und selbstverständlich war er nie bei einer Gemeindeversammlung. Er schloss sich aus der Öffentlichkeit aus, sofern er sich nicht als Dorfarzt zeigen musste.

Sein allmähliches Verschwinden war an seiner Schrift ablesbar. Er füllte unzählige Patientenakten aus, stellte Rezeptbögen aus, und dabei begann seine Schrift immer unleserlicher zu werden. In unerhörtem Tempo führte er die Füllfeder übers Papier, ohne dabei je die Form oder Größe der Buchstaben seiner Kurrentschrift zu verlieren. Außer meiner Mutter gelang es nur noch geübten Lesern, sich in den makellosen und grafisch außerordentlich schönen Zügen seiner Handschrift zu orientieren. Was er schrieb und verschrieb, drohte in der Schönheit und Ebenmäßigkeit seiner jeder Mitteilsamkeit allmählich entratenden Schrift zu verschwinden.

In späten Jahren äußerte er seine Wünsche nur noch, indem er seine Umgebung nach ihren Wünschen befragte. Hast du Durst? Das war zu übersetzen in: Bringst du mir ein Glas Mineralwasser? So wie ihm die Dinge nie wirklich ans Herz wuchsen, so trennte er sich von seinen Wünschen. Das hatte nichts Mönchisches, seine Wünsche waren von seinem Begehren nur abgeschnitten, sie waren in den Konditionalis gerutscht. Er äußerte sie nicht mehr unverstellt, sie waren ihm zu laut. Seine Wünsche, so weit von seinem Herzen entfernt, mussten erraten werden, das war der Dienst, den man seiner Zurückhaltung und vollendeten Höflichkeit schuldete.

Doch kann ich nicht ausschließen, dass sich nicht doch, zuweilen und versteckt, eine ironische Note in seine Gesten und seinen Tonfall einschlich. Er schien nicht unglücklich, er lebte ein ruhiges Leben. Er wurde nie übergangen, gerade weil er sich selbst überging und hintanstellte. Er hatte die Dialektik von Nähe und Ferne begriffen wie sonst keiner.

Je mehr das Leben in ihm erlosch, desto intensiver widmete er sich seinem Beruf. Bis spät in die Nacht ließ er sich von Patienten aus dem Bett rufen. Er fuhr im Morgengrauen zu einem tobenden Selbstmörder, der ihn mit der Flinte bedrohte, bis er ihn endlich besänftigen konnte. Er knüpfte im fahlen Licht einer Tenne ein Bäuerlein vom Galgen. Seine Sprechstunden mit den Patienten wurden länger und länger, er nahm sich Zeit für die Körper der anderen. Ein unheilbar Krebskranker sandte ihm auf seiner sechsmonatigen Welt- und Abschiedsreise jede Woche eine Ansichtskarte. Dann kehrte er zurück, um in der Arztpraxis, in seinem Sprechzimmer, zu sterben. Der fehlende Freundeskreis wurde durch einen wachsenden Patientenstamm wettgemacht. Als er starb, war die Dorfkirche voll.

Irgendeinmal hatte er sich eine Filmkamera gekauft und begonnen, unsere Ausflüge und Urlaube auf Superachtfilme zu bannen. Das war üblich damals, und oft lief das eine oder andere Familienmitglied aus dem Bild. Natürlich war meist das jüngste der Kinder im Mittelpunkt, und selbstverständlich kam er selber auf diesen Filmen kaum vor. Aber er filmte gerne.

Noch in seiner Jugend auf Trinidad hatte er zu fotografieren begonnen. Nachdem er in die Schweiz gekommen war, näherte er sich dem Land durch die Linse seiner *Lord*-Kamera. Leidenschaftlich fotografierte er die Schweizer Berge, den Pilatus, die Rigi, den Bürgenstock. Er bannte die Grimsel und den Sustenpass. Es war, als würde er sein Leben im fremden Land dokumentieren. Das Unglaubhafte glaubhaft machen. Wenn er selbst mit auf den Bildern war, dann leise lächelnd und mit jenem leicht abwesenden Blick, den er schon auf dem Schiff in Genua hatte. Ein Tourist im eigenen Land – und doch mehr als das. Es ist mir nie zu Ohren gekommen, dass er diese gestochen scharfen Schwarzweißbilder seinen Landsleuten in Trinidad je gezeigt hätte. Oder sonst jemandem. Sie waren für uns, die Familie, bestimmt, damit wir uns wieder erkannten: vor der Staumauer auf dem Grimselpass stehend, auf einer Wiese auf der Klewenalp. In diesen Alben war sein Leben dokumentiert. Schwarzweißbilder, auf denen man keine Hitze, keinen Staub, keinen Gestank, keinen Lärm, keine Kälte und keine Farben erkennen konnte. Auf denen Trinidad aussah wie die Schweiz, sein Geburtsort Curepe wie sein Sterbeort Menziken. Mit diesen Fotografien verwandelte er, nachdem die neue Heimat unwiderruflich geworden war, die Schweiz zurück in ein Touristenland.

Auf meinem Schreibtisch liegt seine *Lord*–Kamera vor mir. Als ich sie aus der ledernen Schutzhülle nehme, entdecke ich, dass noch immer ein Zelluloid-Film darin steckt. Er muss aus den siebziger Jahren stammen, aus der Zeit, als er den Apparat gegen eine Superachtkamera tauschte. In Erwartung weiterer Bergfotos, Schneelandschaften oder Aufnahmen von Kuhwiesen bringe ich den Film zum Entwickeln. Eine Woche später halte ich drei unscharfe, in ihrer Schärfe beschädigte Aufnahmen in der Hand. Es sind drei Ansichten von Palmen, Palmenstudien unter einem tropischen Himmel.

Einzelne Teile des vorliegenden Essays basieren auf bereits veröffentlichten Texten oder sind von diesen inspiriert.

Das Versprechen von London, in: London, Signale aus der Weltmaschine. Gastgeber Matthias Politycki, Corso 2011
Eine Rüssellänge voraus, in: Neue Zürcher Zeitung vom 8. Mai 2009
Japanische Erinnerungen, in: Nach Japan. Reiselesebuch. Hrsg. Renate und Peter Giacomuzzi, Konkursbuch Verlag 2005
Der Mann, der die Sprachen der Welt verlernt, in: Neue Zürcher Zeitung vom 7. November 2012
Im Angesicht der Affen, in: Neue Zürcher Zeitung vom 8. November 2006
Stumme Freunde, in: Neue Zürcher Zeitung vom 19. Februar 2011
Polypen im Herzen, in: Neue Zürcher Zeitung vom 12. Mai 2001
Der Flügelschlag eines brasilianischen Schmetterlings, in: Vom weltläufigen Erzählen, Thomas-Mann-Studien, Hrsg. Manfred Papst und Thomas Sprecher, Vittorio Klostermann 2008
Kleine Stilkunde, in: Neue Zürcher Zeitung vom 23. Januar 2014
Fremd Gehen, in: www.germanistik.ch, Literatur und Globalisierung, Hrsg. Alexander Honold und Annette König, 2010
Allmähliches Verschwinden, in: Musée Imaginaire des Migrations, www.mimsuisse.ch, 20. Oktober 2011